중국인 KFL 학습자를 위한

한국어 조사 결합
교육 연구

중국인 KFL 학습자를 위한

한국어 조사 결합 교육 연구

김성월 **지음**

A Study on Korean Particle
combinations Teaching for
Chinese KFL Learners

學古房

　　본 연구는 중국인 KFL 학습자의 한국어 조사 결합의 인식과 오류 양상을 조사하여 그 결과를 토대로 중국인 KFL 학습자를 위한 조사 결합 교육 방안을 마련하는 데에 목적이 있다.

　　한국어의 조사는 다른 조사와 결합할 수 있다는 중요한 특징을 가지며 일정한 순서에 따라 결합하는 형태도 아주 다양하다. 한국인들은 이러한 조사를 일상생활에서 직관적으로 결합하여 사용하지만 교착어가 아닌 다른 언어권 학습자들에게 한국어의 이러한 특성으로 인한 학습 부담은 크다. 따라서 이러한 조사 결합에 대한 습득 및 사용은 한국어를 학습함에 있어서 중요하고도 필수적인 요소라 할 수 있다.

　　본고에서는 중국인 KFL 학습자의 조사 결합 사용 양상과 그 배경을 살펴보고자 중국 광동외어외무대학교 남국상학원 2, 3학년 학생들의 조사 결합에 대한 인식과 오류 양상을 분석하였다. 또한 오류의 원인을 다각도로 파악하기 위해 한국과 중국에서 출판되어 사용되고 있는 한국어 교재 총 6권의 조사 결합 노출 빈도를 분석하였으며, 중국 현지 비원어민 한국어 교사를 대상으로 조사 결합 교육 양상을 조사하였다.

　　조사 결과를 토대로 본고에서는 조사 결합의 교육 순서를 크게 3단계로 나누어 제안하였다. 먼저 '조사 결합의 원리 및 순서에 대한 지식 이해 단계', 그리고 단일 조사와 조사 결합의 어감 차이를 익히고 기능을 훈련시키는 '조사 결합의 의미 및 어감 변별 훈련 단계', 마지막으로 학습한 조사 결합을 다양한 상황에서 활용하고 표현하게 하는 '조사 결합 연습 및 활용 단계'로 조사 결합 교육 모형을 제안하였다.

　본 연구는 한국어의 교착어적인 성격에 익숙하지 않고 한국어에 대한 노출 빈도가 적은 중국인 KFL 학습자들을 위해 이들의 조사 결합 사용 양상과 그 원인을 다양하게 살펴보고 이를 바탕으로 조사 결합 교육 방안을 제안하였다는 데에 의의가 있다.

/목차/

/표 목차/

/그림 목차/

I. 서론

1. 연구의 필요성 및 목적

본 연구의 목적은 중국인 KFL 학습자들의 한국어 조사 결합 사용 양상을 조사하여 중국어권 한국어 학습자를 위한 효과적인 한국어 조사 결합 교육 방안을 제안하는 데에 있다. 이를 위해 우선 중국에서 한국어를 학습하는 중국인 한국어 학습자의 조사 결합 사용 양상을 분석한다. 또한 현장에서 한국어를 가르치고 있는 교사를 대상으로 조사 결합 교육 현황을 조사하며 아울러 한국 국내 및 중국 출판 한국어 교재를 분석하여 그 결과가 가지는 의미를 살펴보고자 한다.

한국어 교육학계에서 조사에 대한 논의가 지금까지 관심을 받아 온 이유는 한국어의 조사가 한국어 문장을 완성하는 데 핵심적인 요소임에도 불구하고 외국인 한국어 학습자들이 조사에 대해 정확하게 이해하고 사용하기가 쉽지 않기 때문이다. 한국어 조사는 선행 자질의 성격에 따라 교체가 일어나기도 하고 생략이 되거나 위치를 바꿀 수도 있기 때문에 외국인 학습자들이 이를 학습하는 데에 많은 어려움을 겪는다.

특히 한국어의 조사는 다른 조사와 결합할 수 있다는 중요한 특징을 가지며 일정한 순서에 따라 결합하는 형태도 아주 다양하다. 한국어 모어 화자들은 일상생활에서 조사의 결합 형태를 굉장히 많이 사용한다. 그러므로 한국어 조사 결합에 대한 습득 및 사용은 한국어를 학습함에 있어서 중요하고도 필수적인 요소라 할 수 있다. 그러나 조사 결합에 대한 직관이 없는 외국인 학습자들은 조사 결합을 선택하여 사용할 때 전략적으로 사용을 회피하기도 한다. 특히 조사가 존재하지 않는 중국어 화자들에게는 정확한 조사 결합 형태를 산출해 내는 데에 부담이 더욱 클 것이다. 이는 한국어와 중국어는 완전히 다른 유형의 언어이므로 두 언어의 문법 표현 방식에 많은 차이가 존재하기 때문이다. 한국어는 교착어로서 어기(語基)에 여러 문법 표지들이 붙지만 이러한 특성은 고립어인 중국어에는 없기에 중국인 한국어 학습자들은 조사와 관련해서 언어 간 차이로 인한 학습 부담이 크다. 중국어에는 한국어 조사와 대응하는 개념이 없어 학습자들이 조사 결합에 관한 지식이 매우 부족하며 중국인 KFL 학습자들은 한국어 환경이 아닌 중국어 환경에서 공부하기 때문에 조사 결합에 대한 습득이 제대로 이루어지지 못하고 있다. 연구자 또한 중국의 한국어 교육 현장에서 중국인 KFL 학습자들이 조사 결합에 관한 지식을 체계적으로 배우지 않아 조사 결합의 의미, 규칙 및 사용 맥락에 대해서 제대로 이해하지 못하고 고급 단계임에도 불구하고 의사소통 과정에서 조사 결합을 사용하지 않거나 오용하는 경우를 많이 보았다.

이처럼 조사 결합의 의미를 제대로 이해하지 못하면 원어민 화자와의 의사소통에서 미세한 감정 표현이나 화자의 정확한 의도와 문장의 의미를 파악하는 데 한계가 있다. 그러므로 원어민 화자와의 원활한 의사소통을 위해서는 중국인 KFL 학습자들을 위한 조사 결합 교육이 체계적으로 이루어져야 한다. 그러나 안타깝게도 현재 중국 대학의 한국어 교육 현장에서는 조사 결합 교육을 위한 단계별 목록이나 체계, 그리고 교육 방안이 마련되지 않은 채 조사 결합 교육이 이루어지고 있다. 또한 학습자들이 가장 가까이에서 학습에 사용하고 있는 주요 대학 교재에서도 조사 결합 형태에 대하여 구체적으로 학습할 수 있는 내용이 제시되어 있지 않다(이진은, 2011:401). 이러한 이유로 학습자들은 교재의 지문이나 예문에서 조사 결합 형태를 접하게 되면 혼란을 느끼게 되고, 조사 결합을 사용할 때 오류를 범하게 되는 것이다.

한국어의 특징 중 하나는 조사가 발달했다는 것이다. 한국어 조사의 개수는 100개가 넘는다. 한국어의 조사는 일정한 문법적 특성에 따라 분류되어 있고, 각 하위 분류는 일정한 결합 유형이 있어서 한국어 화자는 어렵지 않게 조사를 사용할 수 있다(임동훈, 2004:2). 그러나 조사 항목의 수가 많고 서로 결합하는 것 외에도 교체 현상, 축약 현상, 생략 현상 등이 일어나기 때문에 한층 더 복잡해짐으로 외국인 학습자에게는 한국어 조사 결합을 학습하는 것이 쉽지 않다. 특히 중국인 KFL 학습자에게는 그 문제가 더 심각한데 그 문제점들을 제시하면 다음과 같다[1].

첫째, 고립어인 중국어에는 조사라는 개념이 없기 때문에 중국인 KFL 학습자들은 조사를 더 어렵게 느끼고 이를 학습하는 과정이나 실제로 사용하는 측면에서도 능숙하지 않다. 즉 한국어 조사 결합에

---

1) 동양효(2012), 「중국인 고급 학습자를 위한 한국어 조사결합 사용 교육 방안 연구」, 서울대학교 석사학위논문, 2쪽 참고.

대한 인식이 부족한 것이다.

둘째, 한국어 조사 결합이 일정한 결합 원리 및 규칙이 있음에도 불구하고 조사 간의 결합 순서나 규칙에 대한 체계적인 지식을 학습하지 못했기 때문에 사용함에 있어서 형태적 또는 문법적으로 오류를 범하는 경우가 많다.

셋째, 한국어 조사 결합을 사용할 때 문장의 상황이나 맥락을 고려하여 그 의미와 기능을 표현해야 하는데 중국인 KFL 학습자들은 단일 조사만 사용했을 때와 조사 결합을 사용했을 때의 문장의 의미와 어감 차이를 제대로 구분하지 못한다.

상술한 문제점들을 통하여 중국인 KFL 학습자들의 조사 결합 실제 사용의 현황을 더욱 구체적으로 파악하고 더 체계적인 연구 진행의 필요성을 갖게 되었다. 더욱이 중국의 한국어 교육 현장에서 조사 결합 교육의 문제점을 인식하고 진행된 연구가 미비하다. 특히 중국인 KFL 학습자들에게 있어서 한국어 교사와 한국어 교재의 역할이 중요하다. 그러나 지금까지는 한국어 교사를 대상으로 조사 결합의 교육 양상에 대한 조사를 진행한 연구와 한국 출판 한국어 교재와 중국 출판 한국어 교재의 조사 결합을 비교하여 진행한 연구도 없었다. 중국인 KFL 학습자들의 조사 결합 오류 원인을 다각도로 파악하기 위해 중국 현지 한국어 교사를 대상으로 한 조사 결합 양상 조사가 필요하다. 또한 중국인 KFL 학습자들이 주로 사용하는 교재를 분석해야 중국인 KFL 학습자의 조사 결합 오류의 원인을 심층적으로 분석할 수 있기 때문에 교재 분석도 필요하다.

이에 본고에서는 상술한 연구적 한계에서 출발하여 중국의 조사 결합 교육에 주목하게 되어 중국인 KFL 학습자의 한국어 조사 결합 인식 및 사용 양상을 조사하려고 한다. 또한 중국 대학 한국어학과에 재직 중인 한국어 교사를 대상으로 조사 결합의 양상에 대한 조사를 진행할 것이며 중국 출판 한국어 교재와 한국 교재의 조사 결합 노출 현황을 분석하고자 한다. 아울러 조사 결과를 토대로 중국인 KFL 학습자들에게 부합되는 한국어 조사 결합 교육 방안을 제시함으로써 조사 결합 교육의 나아갈 방향을 모색하고자 한다.

2. 선행 연구

한국어 단일 조사 관련 연구들은 그동안 많이 진행되어 왔으나 조사 결합에 관한 연구는 많지 않다. 한국교육학술정보원(KERIS) 검색 결과 조사 결합 관련 국내 연구는 현재까지 35편 찾아볼 수 있으며 그 중 학위논문이 16편이고 국내 학술 논문이 19편이다. 주제를 살펴보면 조사의 결합 원리를 밝히고자 하는 국어학 분야의 연구와 외국인 학습자 대상 연구, 조사 결합 습득 양상 연구, 교육 방안 제시에 관한 한국어 교육학 분야의 연구로 나눌 수 있다.

국어학에서의 조사 결합 관련 연구는 최현배(1937)로부터 시작되었고 이어서 수많은 연구들에서 조사 간의 결합 유형을 구별하는 기준을 세우고 조사 간의 결합에 대해 체계적으로 논의를 진행하였다. 한국어 조사 결합에 대한 국어학 연구를 정리하면, 최태성(1999)에서는 조사의 겹침에 있어서 각각의 단일 조사는 일정한 자리에 배열된다고 밝힌 바 있다. 그 이유는 조사의 의미와 관련된다는 관점으로, 국어 조사를 격조사, 보조사, 접속조사로 나누고, 이를 상호 배열 특성에 따라 앞에 놓이는 조사류와 뒤에 놓이는 조사류로 나누었다. 이에 따라 최태성(1999)은 조사의 겹침에는 서로 다른 부류 간, 동일한 부류 내의 조사 결합으로 나누어 그 양상들을 살펴보았다(최태성, 1999:37). 박지용(2005)에서는 조사 간의 본래적 결합 관계에 영향을 미치는 통사적 환경을 조사 결합 환경으로 정의하고 조사 결합 관계 연구를 진행하였다.

황화상(2003)에서는 작용역을 중심으로 조사의 중첩을 설명하였다[2]. 각 조사는 문법적 기능에 관련된 통사 구성을 작용역으로 삼는데, 작용역이 다른 조사가 서로 결합할 때 작용역이 좁은 조사가 앞에 오며, 문법격 조사는 명사구 전체를 작용역으로 하므로 명사구의 제일 끝자리에 위치한다.[3] 따라서 문법격 조사는 문장을 작용역으로 갖는 첨사와는 결합되지 않는 일반성을 보였다. 그러나 이에 대해 박지용(2005)에서는 단지 조사의 작용역만이 '조사 결합' 여부를 결정한다는 것은 조사 결합을 설명하는 데에 한계가 있으므로, 후행 조사의 격 자질 유무와 함께 의미 기능과 선후행 요소의 의미 충돌에 대한 고려를 해야 한다고 언급하기도 했다.

---

2) 황화상(2003)에서는 결합상의 제약을 '만'과 '으로'의 작용역 차이로 설명하였다.
   그 집안은 미국으로만/*만으로 휴가 여행을 떠난다.
   즉 선행 명사구가 어떤 단일한 행위에 동시에 작용 가능한 수단, 이유, 원인 등의 의미역을 가질 때에는 '만'의 작용역이 '으로'보다 좁으므로 '만으로'의 형태가 자주 쓰이나, 선행 명사구가 어떤 단일한 행위에 동시에 작용할 수 없는 장소, 시간 등의 의미역을 가질 때에는 '으로'의 작용역이 더 좁으므로 '으로만'의 형태만 쓰인다고 하였다.

3) 황화상(2003)에서는 구조격 조사라는 용어를 사용하였으나 본고에서는 임동훈(2004)의 결합 유형을 토대로 연구를 하고자 하기 때문에 임동훈(2004)의 문법격 조사라는 용어를 사용하였다.

임동훈(2004)은 한국어 조사의 분포가 상관적이라는 전제 하에 조사를 통사적 특성, 의미적 특성 그리고 통합상의 특징과 의미의 성격에 따라 문법격 조사, 의미격 조사, 후치사, 첨사로 나누었으며 그 하위 부류를 각각의 분류된 조사가 서로 결합이 가능하다고 하여 이 형태를 '조사 결합'이라고 명명하였다(임동훈, 2004:150). 또한 특징적인 것은 문법격 조사와 첨사가 분리된 배열 층위를 갖는다고 보는 점이다. 문법격 조사, 의미격 조사, 후치사, 첨사 간의 통합 관계는 명사 어기에 의미격 조사가 가장 가까이 결합하고 문법격 조사와 첨사가 가장 멀리 결합하며 그 사이에 후치사가 끼어 들 수 있는 것으로 보았다(임동훈, 2004:150). 그리고 의미격 조사는 의미가 조화될 수 있는 범위에서 제한적으로 서로 결합할 수 있고 후치사는 제한된 일부를 제외하면 원칙적으로 서로 결합하지 않으며 '문법격 조사+문법격 조사', '첨사+첨사', '문법격 조사+첨사'는 서로 결합하지 못함을 밝히고 있다(임동훈, 2004:151).

최웅환(2004)에서는 기존 연구의 조사 분류들이 기준이 달랐음을 지적하며, 조사의 교착 기능을 적극적으로 이해하고자 하였다. 조사의 분류를 명세화하기 위해 단위화 기능, 정치화 기능, 탁립화 기능을 제시하였고, 이를 토대로 한 조사 분류는 [+정치][+탁립], [-정치][-탁립], [+정치][-탁립], [-정치][+탁립]으로 볼 수 있다.[4] 이 중 정치화 기능은 수의적 요소로 취급되던 부사격이 통사적 기능부담량으로 볼 때 정치화가 필요한 중요한 자리임을 지적하였고, 조사 결합에서 부사격조사가 가장 앞서는 경향을 보이는 이유로 제시하고 있다. 또한

---

4) 단위화 기능, 정치화 기능, 탁립화 기능에 대해서는 최웅환(2004)를 참조할 것.

정치화 기능과 탁립화 기능을 바탕으로 그동안 조사 결합에서 논점이 되었던 '가, 을'류와 '는, 도'류의 분포적 특징을 설명하고 있다. 이는 새로운 제시이기는 하나 한국어 교육에서 활용하기에는 아직 정립되지 않았으며, 접근이 어렵다고 볼 수 있다.

그밖에도 황병순(2008)에서는 조사의 문법화 양상을 통해 국어 조사를 문맥조사, 의미역조사, 구조격조사, 양태조사로 분류하고 배열 순서를 정리하였다. 문법화된 조사의 기능에 따라 의미역조사는 문맥조사 앞에 놓이고 구조격조사는 의미역조사 뒤에 놓이며 양태조사는 조사 가운데 제일 마지막에 놓인다고 하면서 이는 국어 양태 표현이 지닌 보편적 특성 때문이라고 밝힌 바 있다.

이상의 연구들은 조사와 조사 간의 결합에 대한 원리나 규칙을 밝히고자 하였다. 아울러 위의 논의들에서는 조사 결합의 원리를 통사적 기능, 작용역, 의미 기능에 따라 결합 관계를 밝히고 있다는 것을 알 수 있다. 지금까지 국어학 분야에서는 조사를 하위 분류하고 각 조사 간의 결합 관계를 밝힌 연구들에 대하여 살펴보았다.

한국어 교육학의 연구들을 살펴보면 황정숙(1992)에서는 외국인을 위한 한국어 조사의 수업모형을 단계별로 제시하고 있는데, 고급 단계에서는 '조사 결합' 현상을 소개함과 동시에 이러한 현상을 외국인 학습자에게 가르칠 필요가 있다고 주장하고 있다.

또한 김재욱(2001)에서는 한국어 격조사의 기능을 외국어로서의 한국어 문법 교육에서는 어떻게 다루어야 할지에 대하여 제시하고 한국어 조사를 유형별로 구분하여 그 결합 형태를 체계적으로 분석하였다(김재욱, 2001:89). 이를 바탕으로 조사의 상호 결합 제약 관계에 대해 일정한 규칙을 제시하고 이러한 규칙들이 외국어로서 한국어를 학습하는 학습자들에게 제시되어야 함을 주장하였다.

따라서 조사 결합 관련 연구들을 유형별로 살펴보면 외국인 학습자 대상 연구, 조사 결합 인식, 사용 양상을 위한 교재 분석 연구, 조사 결합 습득 양상 연구, 교육 방안 연구들로 나눌 수 있다. 외국인 학습자 대상 연구로는 한윤정(2010), 동양효(2012), 윤소정(2014), 최경화(2014), Pang Yingjie(2015) 등이 있다. 최경화(2014)는 그간 중국인 학습자 대상 연구에만 한정되어 있었던 점에 주목하여 언어 유형학적으로 유사한 일본어를 대조언어학적인 측면에서 검토하여 일본인 한국어 학습자가 조사 결합에 대해 어떠한 습득 양상을 보이는지를 고찰하였다.

이어 교재 분석 연구는 한윤정(2010), 진정(2015), 서예원(2016)을 들 수 있는데 진정(2015)에서는 중국과 한국에서 출판된 중국인 학습자를 대상으로 한 한국어 교재를 분석하여 조사와 조사 간 결합형의 명칭, 배열순서, 설명 방법 등의 문제점을 찾아 바람직한 개선 방안을 제시하고 있다. 그리고 조사 결합 습득 양상에 관한 연구는 박은희(2013), 최경화(2014), Pang Yingjie(2015)가 있는데 그 중 박은희(2013)에서는 언어노출환경에 따른 한국어 학습자의 조사 결합 습득 양상을 살펴보았다.

조사 결합 교육 방안을 제안한 연구로는 동양효(2012), 윤소정(2014), 김현숙(2016), 서예원(2016), 서강보 외(2020) 등이 있다. 연구들을 구체적으로 살펴보면 동양효(2012)에서는 지금까지 중국인 학습자를 대상으로 한 한국어 단일 조사 교육 연구는 많았으나 조사 결합 교육, 그리고 조사 결합 사용 교육에 관한 연구가 많이 부족하였다는 실정을 지적하면서 고급 수준인 중국인 한국어 학습자의 한국어 조사 결합의 양상과 오류를 분석하고, 그 분석 결과를 토대로 조사 결합의 교육 방법을 제시하였다.

윤소정(2014)에서는 지금까지 조사의 교육 방안에 대한 연구가 각 언어권별로 진행이 되었다는 점에 의의가 있다고 제시하였다. 그러나 조사 결합에 대한 교육은 한국어 교재부터 <표준 모형 개발2>까지 조사 결합에 대한 체계와 항목이 정제되지 못한 모습에 입각하여 조사와 조사 결합에 대한 개념을 확인하여, 초·중·고급 단계별로 조사 및 조사 결합의 목록을 제시하였다. 또한 조사 결합의 효과적인 교수를 위해 고급 단계 학습자를 위한 조사 결합 목록을 제시하였다. 서강보 외(2020)에서는 한국어 조사 결합의 전반적인 출연 양상을 말뭉치에서 검토하고 이를 한국어 교재와 비교함으로써 한국어 조사 결합 교육을 위한 방향을 제시하였다.

그동안의 한국어 교육에서의 연구를 살펴보면 시도한 조사 결합의 항목 수가 포괄적이지 못했다는 한계가 있다. 그리고 교육용 조사 결합의 구체적인 연구가 진행이 되지 않았으며 특정된 몇 개의 조사 결합에만 치중하여서 연구를 진행하였다. 그 중에서도 몇 개의 사용 빈도가 비교적 높은 조사 결합에 대해서만 연구하였다는 것을 알 수 있다. 그러나 중국인 KFL 학습자들 특히는 중급 이상의 학습자들의 조사 결합 오류를 수집하고 그 원인을 분석한 연구는 거의 없었다고 할 수 있다. 또한 중국인 KFL 학습자의 조사 결합 오류 원인을 파악하기 위해 교사를 대상으로 조사 결합의 교육 양상 조사를 진행한 연구, 그리고 중국인 KFL 학습자들이 주로 사용하는 교재를 분석한 연구가 없었다는 것이 아쉽다. 아울러 조사 결합에 대한 교육 방안을 제시하였다 하더라도 실제로 교실 수업에 적용하는 시도를 하지 못한 아쉬

움이 있다.

　이상의 선행 연구를 통해 그동안 한국 내에서의 조사 결합 관련 연구들에 비해 중국 내에서의 조사 결합의 연구가 미진하였고 중국에서의 조사 결합 습득 및 교육 방안 연구가 필요함을 인식하게 되었다. 따라서 선행 연구의 한계를 극복하기 위해 본 연구에서는 중국의 G대학 학생을 대상으로 조사 결합 사용 양상을 조사하려고 한다. 그리고 조사 결합의 오류 원인을 파악하기 위해 한국어 교사를 대상으로 조사 결합의 교육 양상을 조사하며 한국 국내 한국어 교재와 중국 출판 한국어 교재의 조사 결합 내용을 분석하고자 한다. 이를 토대로 중국인 KFL 학습자들에게 실질적으로 도움이 되는 한국어 조사 결합 교육 방안을 제안하고자 한다.

3. 연구 내용 및 절차

　조사 결합 교육은 한국어 수업 현장에서 반드시 이루어져야 한다. 왜냐하면 외국인 학습자들이 목표어다운 목표어를 구사하려면 조사 결합을 정확하게 습득을 해야 하고 활용할 수 있어야 한다. 한국어 문장에서 반드시 조사 결합을 사용해야만 맥락에 맞는 정확한 의미를 표현할 수 있는 문장이 있다. 따라서 외국인 학습자들은 한국어 조사 결합에 대해 정확하게 이해하고 상황에 맞게 사용할 수 있어야 하므로 조사 결합 교육은 체계적으로 진행되어야 한다.

　또한 이정희(2002)에서 초·중·고급 모든 단계에서 가장 높은 오류율을 보인 범주가 '조사'라고 밝힌 바와 같이 한국어를 학습하는 과정에서 학습자들이 조사 및 조사 결합에 대한 오류를 가장 많이 범한다.

이러한 오류를 수정해 주지 않고 그대로 방치한다면 학습자들의 한국어 사용에 큰 영향을 줄 뿐만 아니라 한국어를 정확히 습득하는 데에 큰 장애가 될 것이다. 따라서 중국인 KFL 학습자들이 조사 결합 오류를 범하는 원인을 분석하고, 어떠한 오류를 많이 산출해 내는지를 상세히 분석해 본다면 한국어 조사 결합의 교육에 중요한 근거를 마련해 줄 수 있을 것이며 또한 조사 결합의 오류를 막을 수 있는 교육을 할 수 있을 것이다.

중국인 KFL 학습자들에게 더욱 합당한 조사 결합 교육을 진행하려면 학습자들에게 적합한 교수안이 마련되어야 한다. 그러나 지금까지 한국어 학습자들의 조사 결합 오류 원인을 다각도로 파악하기 위해 교재 분석과 더불어 교사를 대상으로 조사 결합의 교육 양상 조사를 진행한 연구는 없었다. 이에 본 연구는 G대학 중급 이상 학습자를 대상으로 조사 결합에 대한 인식 및 오류 양상을 분석하여 중국인 KFL 학습자를 위한 효과적인 교육 방안을 제시하고자 한다.

본 연구에서는 선행 연구를 토대로 아래와 같은 세 가지 과제를 집중적으로 조사하여 분석을 진행한 후 그 분석 결과를 근거로 하여 효과적인 교육 방향을 설계하고자 한다. 세 가지 과제는 아래와 같다.

첫째, 중국인 KFL 학습자들의 조사 결합에 대한 인식을 조사하여 현재 조사 결합의 학습 상황에 대하여 고찰하고자 한다. 그리고 구체적인 조사 결합의 사용 양상을 고찰하기 위해 테스트를 진행하여 조사 결합의 오류를 찾아낼 것이다.

둘째, 한국 교재와 중국 출판 한국어 교재를 분석하여 교재에서 제시되고 있는 조사 결합의 내용을 분석하여 비교해 볼 것이다.

셋째, 한국어 교사를 대상으로 조사 결합의 양상에 대해 조사하여 조사 결합 교육의 현황을 살펴보고 조사 결합 교육의 구체적인 방향을 제시할 것이다.

본고는 조사 결합의 기존 연구들을 주제별로 살펴보고 한계점을 찾기 위해 선행 연구 분석을 할 것이고 중국인 KFL 학습자들의 조사 결합의 인식과 오류를 분석하기 위해 조사 결합의 사용 양상 조사를 할 것이다. 그리고 중국인 KFL 학습자들의 조사 결합 오류의 원인을 다각도로 파악하기 위해 한국 국내 한국어 교재와 중국 출판 한국어 교재의 조사 결합 내용 분석과 비원어민 한국어 교사 대상 조사 결합 교육 양상 조사를 진행하고자 한다. 조사 결과를 정리하고 그 결과들을 입체적으로 비교·분석하여 중국인 KFL 학습자를 위한 조사 결합 교육 방안을 도출하는 등과 같은 절차로 연구를 수행하고자 한다. 이상의 연구 절차를 도식으로 정리하면 [그림 1]과 같다.

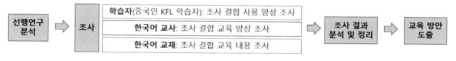

[그림 1] 연구 절차

이러한 내용의 연구를 위해 Ⅰ장에서는 연구의 목적과 필요성을 밝히고 선행 연구를 살펴보며 이에 한계점을 인식하고 이에 따른 본 논문에서의 연구 내용과 대상을 소개할 것이다.

Ⅱ장은 한국어 조사 결합에 대한 이론적 고찰이다. 여기서 한국어 조사 결합의 정확한 개념에 대해 논의하고 기존 연구들을 참고하여 조사 결합의 유형을 설정하며 또한 조사 결합의 유형별 특성을 전치 개념을 도입하여 구체적으로 살펴보고자 한다. 그리고 이에 따른 중

국인 KFL 학습자를 위한 한국어 조사 결합 목록을 중국어 대응 표현과 함께 제시하고자 한다.

Ⅲ장은 중국인 KFL 학습자의 조사 결합 교육 양상 부분으로 세 가지 측면에서 분석하려고 한다. 우선 중국인 KFL 학습자들의 조사 결합 인식 및 사용 양상을 조사하고 이어 한국 국내에서 출판된 한국어 교재와 중국 출판 한국어 교재를 분석한다. 마지막으로 중국 현지 비원어민 한국어 교사 대상 조사 결합 교육 양상을 조사하고자 한다. 그리고 이를 통해 조사 결합 오류의 원인을 찾고자 한다. 중국인 KFL 학습자들의 한국어 조사 결합에 대한 이해도를 알아보기 위하여 인식 조사를 진행할 것이며 조사 결합의 오류 양상을 살펴보기 위해 사용 양상 조사를 진행할 것이다. 그리고 오류의 원인을 한국어 교재에서 찾아볼 것이며 또한 비원어민 한국어 교사의 조사 결합 교육 양상 조사를 통하여 오류의 원인을 찾을 것이다.

Ⅳ장에서는 앞장에서 조사한 중국인 KFL 학습자의 조사 결합 인식 양상과 조사 결합 오류 결과를 정리하며 오류 결과에서 특징을 설명할 수 있는 문제를 선정하여 심층 인터뷰를 진행하고자 한다. 이어서 중국 출판 한국어 교재와 한국 출판 한국어 교재의 조사 결합 노출 현황 및 제시 현황을 비교하여 각 유형별로 정리하고 조사 결합 내용을 비교·분석 하고자 한다. 마지막으로 비원어민 한국어 교사를 대상으로 진행한 조사 결합 교육 양상 결과를 세부적으로 정리하고자 한다.

Ⅴ장에서는 앞서 진행한 중국인 KFL 학습자의 조사 결합 인식과 양상 조사 결과와 한국 국내 교재와 중국 출판 한국어 교재 내의 조사 결합 노출 현황 그리고 중국 현지 비원어민 한국어 교사를 대상

으로 진행한 결과들을 입체적으로 정리하고자 한다. 그리고 이러한 결과를 종합적으로 분석하여 조사 결합 순서를 정하여 조사 결합 교육 방안을 마련하려고 한다. 교육 방안을 제시하기에 앞서 본고에서는 조사 결합의 교육 절차를 크게 3단계로 나누어 제안하고자 한다. 먼저 '조사 결합의 원리 및 순서에 대한 지식 이해 단계', 그리고 단일 조사와 조사 결합의 어감 차이를 익히고 기능을 훈련시키는 '조사 결합의 의미 및 어감 변별 훈련 단계', 마지막으로 학습한 조사 결합을 다양한 상황에서 활용하고 표현하게 하는 '조사 결합 연습 및 활용 단계'로 조사 결합 교육 모형을 제안하고자 한다.

그리고 마지막 결론 부분에서는 앞선 연구에서의 문제점을 다시 정리하고 개선 방안을 제안하며 본 연구의 의의와 한계를 다루고 향후 계속될 후속 연구에 대한 필요성과 연구 방향을 제언하고자 한다.

Ⅱ. 한국어 조사 결합에 대한 이론적 고찰

1. 한국어 조사 결합의 개념 및 유형

가. 한국어 조사 결합의 개념

중국인 KFL 학습자를 위한 한국어 조사 결합 교육 연구를 위해서는 조사 결합의 개념 정리가 우선이다. 한국어 조사 결합의 용어와 개념, 그리고 유형에 관한 논의가 많이 이루어졌으나 그 기준이 다양하고 다소 혼란스럽다. 본 연구에서는 한국어 조사 결합의 유형별 특성을 분석하기 위해 기존 연구에서의 조사끼리의 결합에 대한 개념 및 용어를 정리하고 본고에서의 조사 결합의 개념을 정하고자 한다. 기존의 조사 결합에 대한 개념 및 용어 정리를 바탕으로 일부를 추가하여 연도별로 아래 표와 같이 정리하였다.

<표 2-1> 기존 연구의 조사 결합에 대한 용어 정리[1]

분야	선행 연구	하나의 단위로 굳어진 조사 간의 결합	각각의 조사로 볼 수 있는 조사 간의 결합
국어학	최현배(1937, 1971)	-	복합어
	최태성(1999)	-	조사의 겹침
	김진형(2000)	복합조사	조사 결합
	이규호(2001, 2007)	복합조사	조사연속구성
	황화상(2003)	-	조사 중첩
	임동훈(2004)	-	조사 결합
	한용운(2004)	복합조사	조사연속구성
	박지용(2005)	복합조사	조사연속구성
	최웅환(2005)	-	조사의 배합
	고영근·구본관(2008)	합성조사	조사연속구성체
한국어 교육학	황종배(2007)	-	조사 중첩
	양희연(2010)	복합조사	-
	한윤정(2010)	-	조사 결합
	이진은(2011)	-	조사 결합형
	동양효(2012)	-	조사구성연속체
	박은희(2013)	-	조사 결합
	윤소정(2014)	-	조사연속구성
	Pang Yingjie(2015)	-	조사 결합
	진정(2015)	-	조사 결합
	김현숙(2016)	-	조사연속구성
	이승연(2019)	-	조사연속체
	서강보 외(2020)	-	복합 조사
	왕단단(2020)	-	조사연속구성

조사 간의 결합에서 하나의 단위로 굳어지느냐에 따라 개념이 다르고 또 각 연구에서 사용되는 용어도 다양하다. 우선 개념에 대한 문제를 정리하면 이규호(2007)에서는 '복합조사'와 '조사 결합'의 판별 기

---

1) 2014년 이전의 각 논의에서의 조사 결합에 대한 용어는 pangyingjie(2015)를 참고하였으며 그 이후의 조사 결합 용어는 연구자가 재정리하였다.

준을 구체적으로 '분리 가능성', '교체 가능성', '의미의 특수성' 세 가지로 나누어 제시하여 복합조사를 체계화 함으로써 두 개념을 각각 구별하였다. 먼저 분리 가능성 기준에 따르면, 두 조사로 분리하여 비문법적인 문장이 되거나 문자 의미의 차이가 많이 나면 '복합조사'로 판정하였다. 반면 두 조사로 분리해도 틀린 문장이 되지 않거나 단순한 통합 관계를 보여주면 '조사 결합'으로 판정하였다. 그리고 교체 가능성 기준에 의하면 어떤 조사 간의 결합형에서 뒤에 오는 조사가 같은 계열의 다른 조사와 교체되지 않는다면 그것을 '복합조사'로 보고 교체가 가능하면 '조사 결합'으로 보았다. 마지막으로 의미의 특수성 기준에 따라서 두 개 이상의 조사가 결합할 때 원래 구성성분이 지닌 의미를 합한 의미가 아니라 그것과 다른 새로운 의미가 나타나면 복합어로 보는 반면 원래 조사의 의미와 다른 새로운 의미가 생기지 않는다면 조사 결합으로 보았다(이규호, 2007:158-172).

다음으로 각 논저에서 사용된 용어를 살펴보면 조사가 두 개 이상 결합하여 나타나는 경우에 대해 사용하는 용어가 매우 다양하다. 먼저 국어학 분야에서의 기존 연구의 조사가 결합하여 사용된 용어를 자세히 살펴보면 다음과 같다.

최현배(1937, 1971)에서는 '토씨와 토씨가 어울러서 된 것'을 '벌린 겹씨'라고 정의를 내리고 복합조사를 '도움 토씨-자리 토씨(까지-가, 만-을, 부터-가)', '자리 토씨-도움 토씨(에-도, 로-만, 하고-도)', '도움 토씨-도움 토씨(까지-도, 만-은, 부터-는)', '자리 토씨-자리 토씨(에서-의, 에게-로, 로-가)', '이음 토씨-자리 토씨(와-의, 와-를, 와-가)', '이음 토씨-도움 토씨(와-는, 와-도, 와-만)'과 같은 여섯 가지의 유형으로 나누었다. 김상대(1993)에서는 최현배(1937, 1971)에서 사용되는 '복합조사'라는 용어를 논의 주제로 삼아 문법 기술에서 복합조사란 용어가 사용되는 현상에 대해서 문제를 제기하고, 글 개념의 부당성에 대하여 논의를 전개하였다.

최태성(1999)에서는 두 개 또는 두 개 이상의 조사가 겹쳐 쓰이는 결합을 '조사의 겹침'이라고 정의하였다. 또한 김진형(2000)에서는 공시적인 구성에 대하여 '조사끼리의 상호 통합'이나 '조사 통합체'를 '복합조사'로 간주하는 것의 이론적 타당성에 대해 논의하면서 조사끼리 결합할 때 둘 이상의 요소가 결합하여 하나의 조사처럼 쓰이는 경우에 '조사 결합'이라는 용어를 사용하고 두 개 이상의 조사가 연속적으로 통합하는 것을 '조사연속구성'이라는 용어를 사용하여 논의를 진행하였다(동양효, 2012:22). 이규호(2001, 2007)에서는 두 조사의 결합 관계가 굳어져서 단일한 하나의 기능을 나타내면 '복합조사'라고 할 수 있으나, 굳어지지 않았다면 일반적인 결합 관계에 의한 '조사연속구성'으로 보았다.

그밖에 황화상(2003)에서는 두 조사가 결합하여 사용되는 경우에 '조사 중첩'이라는 용어를 채택하여 논의를 진행하였다. 한용운(2004)에서는 문장에서 체언 뒤에 연속으로 결합하는 조사를 '조사연속구성'이라고 정의하고, 둘 또는 둘 이상의 조사가 하나의 조사로 굳어진 것을 '복합조사'라고 정의하여 논의하였다. 박지용(2005)에서는 일반적으로 각각의 단일 조사가 결합하여 문장에 의미를 첨가하는 조사 간의 결합 관계를 '조사연속구성'이라고 하고 조사 간의 결합이 문법화를 거쳐 하나의 조사로 굳어지는 경우에는 '복합조사'라고 정의하였다.

최웅환(2005)에서는 조사의 기능적 측면을 고려하고 또 논의의 편의성을 위하여 두 개 이상의 조사가 결합된 것을 '조사의 배합'이라고 정의하였다. 그리고 고영근·구본관(2008)에서도 '조사 간의 결합'에 대해서 공시적으로 각각의 조사로 볼 수 있는 결합을 '조사연속구성체', 통시적으로 변화에 의해 하나의 단위로 굳어진 결합을 '합성조사'로 두 가지 개념으로 각각 정리하였다.

따라서 이상의 논의들을 정리해 보면 기존 논의들에서 조사가 겹쳐 나타나는 경우에 사용하는 용어는 다양하지만 그 중에서 가장 많이 사용되는 용어와 개념은 두 가지로 볼 수 있다. 하나는 '복합조사'와 '조사연속구성'이라는 용어이다. 즉 이규호(2001, 2007), 한용운(2004), 박지용(2005)에서는 복합조사로 보기도 했지만 조사연속구성이라는 용어를 사용하기도 하였다. 또 다른 하나는 '조사 결합'이라는 용어이다. 구체적으로 살펴보면 김진형(2000)에서 처음 조사 결합이라는 용어를 사용하였으며 그 이후에 임동훈(2004)에서도 '조사 결합'이라는 용어를 그대로 사용하면서 조사 결합의 유형 및 특성을 살펴보았다.

이어서 한국어 교육 분야에서의 기존 연구의 조사끼리의 결합 용어에 대해 살펴보고자 한다. 황종배(2007)에서 두 개 이상의 조사가 하나의 명사 뒤에 붙는 것을 '조사 중첩'이라고 하였다. 그 후 양희연(2010)에서는 조사와 조사가 서로 결합하여 격 기능을 하고 문장의 의미를 더해주거나 의미를 강조하는 현상을 '복합조사'라고 정의하였다. 한윤정(2010)에서는 둘 또는 둘 이상의 조사가 결합되어 사용한다는 가장 근본적인 사실에 초점을 두어 '조사 결합'이라는 용어를 사용하였다. 또한 이진은(2011)에서는 '조사 결합형'이라는 개념을 사용하였으며 동양효(2012)에서는 두 개의 조사가 결합한 것을 '조사연속구성체'로 보았다.

그밖에 박은희(2013), Pang yingjie(2015), 진정(2015)에서는 조사가 결합하여 사용한다는 사실에 초점을 두어 '조사 결합'이라는 용어를 사용하여 논의를 진행하였다. 마지막으로 윤소정(2014), 김현숙(2016), 왕단단(2020)에서는 '조사연속구성'이라는 용어를 사용하였다.

위에서 제시한 바와 같이 현재 한국어 교육 분야에서 조사끼리의 결합 현상을 각각의 조사로 볼 수 있는 '조사 결합'이라는 개념이 많다. 따라서 본고에서는 둘 또는 둘 이상의 조사가 형태 변화 없이 서로 결합한다는 사실에 초점을 맞추어 '조사 결합'이라는 용어를 사용하여 논의를 진행하고자 한다.

나. 한국어 조사 결합의 유형

조사 결합의 하위 부류에 대해 논의하기 전에 한국어 조사의 체계를 먼저 살펴볼 필요가 있다. 한국어 조사의 하위 부류에 대한 이론은 학자마다 다르다. 임동훈(2004)에서 조사를 격조사와 특수조사로 나누고, 격조사를 다시 문법격 조사와 의미격 조사로 분류하며, 특수조사를 다시 후치사와 첨사로 분류하였다. 고영근·구본관(2008)에서는 조사를 크게 격조사, 보조사와 접속조사로 분류하였고, 조사끼리의 결합을 논의하기 위해서 격조사를 다시 구조격 조사와 의미격 조사로 구분하는 것이 필요하다고 지적하였다.

다양한 조사 분류 중 본 연구에서는 조사 결합에 초점을 맞춰 격조사를 문법격과 의미격으로 나누고, 특수조사를 후치사와 첨사로 나누고 있는 임동훈(2004)의 분류를 기준으로 삼고자 한다. 그 이유는 기존의 일반적인 조사 분류인 '격조사, 보조사'만으로는 조사 결합 양상을 살피는 데 어려움이 있기 때문이다.[2]

임동훈(2004)에서 격조사를 문법격 조사와 의미격 조사로 분류한 이유는 다음과 같다. 첫째, 격조사 중 문장을 명사구로 변환할 때 문법격 조사인 '이/가, 을/를'은 생략이 가능하지만 의미격 조사는 유지되며, 첨사와 결합할 때에도 문법격 조사는 생략되지만 의미격 조사는 유지되기 때문이다. 둘째, 조사 결합 시 문법격과 문법격은 결합이 불가능하나 문법격과 의미격, 의미격과 의미격은 결합이 가능하다. 또한 특수조사는 통사적으로 출현 위치가 고정되어 있지 않다는 특성이 있는데, 이는 그 뒤에 다른 조사가 올 수 있느냐 없느냐 하는 분포 상의 차이와 아울러 이에 상응하는 의미상의 차이, 즉 그 작용역이 선행어에 국한되느냐 그렇지 않느냐의 차이에 의해서 뒷받침된다.

위치상으로 후치사의 앞에는 의미격 조사만 올 수 있으며, 첨사는 후치사와 달리 그 뒤에 다른 조사가 오지 못한다는 특징이 있다. 의미적으로 후치사는 잠재적 대립 관계에 있는 항목들의 집합에서 측정 항목을 선택해 이를 작용역으로 삼지만 첨사는 상황에 대한 화자의 전제를 바탕으로 특정 상황을 표상하여 자신의 작용역이 선행 명사를 넘어 관련 상황에까지 이르게 된다는 차이가 있다.

위치상으로 후치사의 앞에는 의미격 조사만 올 수 있으며, 첨사는 후치사와 달리 그 뒤에 다른 조사가 오지 못한다는 특징이 있다. 의미적으로 후치사는 잠재적 대립 관계에 있는 항목들의 집합에서 측정 항목을 선택해 이를 작용역으로 삼지만 첨사는 상황에 대한 화자의

---

2) 임동훈(2004)에서는 보조사의 결합 순서를 상세화하여 분류하였다.

전제를 바탕으로 특정 상황을 표상하여 자신의 작용역이 선행 명사를 넘어 관련 상황에까지 이르게 된다는 차이가 있다.[3]

이를 바탕으로 임동훈(2004)에서 제시하는 조사 분류 체계에 따라 조사를 유형별로 분류하면 다음과 같다.[4] 이때 '께서, 에서, 이서'는 의미격 조사가 문법격 조사로 발달한 예이나 분포 상 여전히 의미격 조사와 행동을 같이하므로 따로 처리하였다.

〈표 2-2〉 임동훈(2004)의 조사 분류 체계

		항목
격조사	문법격 조사	이/가, 을/를, 의
	의미격 조사	께서, 에서(단체 주격), 이서
		에/에게, 에서, 으로/로, 와/과
특수조사	후치사	만[1], 까지, 다가, 밖에, 부터, 조차, 처럼, 같이, 보다, 만큼, 만[2], 뿐, 대로
	첨사	은/는, 이야/야, 도, 이나/나, 이라도/라도

이어서 조사 결합의 유형에 대한 여러 연구들을 바탕으로 본 연구에 맞는 조사 결합 유형을 정리하고자 한다. 조사 결합 유형을 도출하기 위해 21세기 세종 말뭉치와 교재를 살펴보았다. 한윤정(2010)에서 정리한 상위 15위를 차지하는 조사 결합 항목을 토대로 본고에서 분석한 교재의 조사 결합 항목을 정리하면 <표 2-3>과 같다.[5]

---

3) 한윤정(2010:5-6)에서 재인용
4) 후치사에서 '만[1]'은 단독의 의미, '만[2]'는 비교의 의미를 표시한다.
5) 한윤정(2010)에서는 연세대 교재 1권부터 6권까지 분석하였지만 본고에서는 중급 학습자를 연구 대상으로 정하였기 때문에 1-4권까지 분석하였다.

〈표 2-3〉 조사 결합 항목 상위 15위

	세종 문어	세종 구어	초급 한국어	연세대	중복도
에는	○	○	○	○	4
에도	○	○	○	○	4
에서는	○	○	○	○	4
로는	○	○	○	○	4
에서도	○	○	○	○	4
보다는	○	○		○	4
과의	○			○	2
에게는	○			○	3
부터는		○		○	2
로도	○	○		○	3
에만		○	○	○	3
에서의	○		○	○	3
과는	○			○	2
뿐만				○	1
까지는	○		○	○	3
에다가			○		1
께서는			○		1
에서부터			○		1
한테는		○	○		2

위의 <표 2-3>은 세종 계획 말뭉치와 한국어 교재에서 나온 조사 결합 항목 중에서 가장 높은 비율을 차지하는 조사 결합 항목들이다. 그 중에서 '에다가, 께서는. 에서부터'는 <초급 한국어> 교재에만 나타난 조사 결합 항목이다.

본고에서는 앞서 제시한 바와 같이 임동훈(2004)의 하위 부류 체계 및 조사 결합 유형을 적용하기로 하였다. 따라서 <표 2-3>에서 제시한 조사 결합 상위 15위 항목을 임동훈(2004)에서의 조사 결합 유형을 바탕으로 '의미격 조사 + 의미격 조사', '의미격 조사 + 문법격 조사' '의미격 조사 + 후치사', '의미격 조사 + 첨사', '후치사 + 첨사' 등 5 가지로 분류할 수 있다.

아울러 임동훈(2004)에서 조사 결합 분류에 따라 의미격 조사를 제외한 나머지 조사들은 서로 결합할 수 없다고 하였다. 즉 '문법격 조사 + 문법격 조사', '후치사 + 후치사', '첨사 + 첨사'는 결합할 수 없음을 밝힌 바 있다. 그러나 <표 2-3>에서 제시된 후치사 간 결합인 '뿐만' 등이 예외적인 예들이다. '뿐만' 외에도 '부터만, 까지만, 까지보다' 등 후치사 간 결합6)이 있지만 본고에서 분석한 교재에는 나타나지 않았으므로 연구에서 제외하였다.

예외적인 조사 결합 유형은 '후치사 + 후치사' 밖에도 '후치사 + 의미격 조사'(만으로), '후치사 + 문법격 조사'(만이, 만을)가 있다. 이 또한 본 연구에서 분석한 교재의 본문이나 예문에 나타나지 않은 관계로 제외하였다. 따라서 본고에서는 아래 <표 2-4>와 같이 총 6가지 유형을 실험 대상으로 하였다.

〈표 2-4〉 상위 15위 조사 결합 항목의 결합 형태 분석 결과

유형	조사 결합 형태	조사 결합 항목	항목수
1유형	의미격 조사+의미격 조사7)		
2유형	의미격 조사+문법격 조사	에서의, 과의	2
3유형	의미격 조사+후치사	에다가, 에만, 에서부터	3
4유형	의미격 조사+첨사	에는, 에도, 에서는, 로는, 에서도, 께서는, 에게는, 한테는, 로도, 과는	10
5유형	후치사+첨사	까지는, 보다는, 부터는	3
6유형 (예외)	후치사+후치사	뿐만	1

6) 이는 '부터, 까지'의 특수성 때문인 것으로 보인다.
7) '의미격 조사'와 '의미격 조사'는 결합할 수 있지만 본고의 분석 대상 교재에 나타나지 않았으므로 조사 결합 항목은 따라 제시하지 않았다.

따라서 앞서 살펴본 바를 종합하여, 본 연구는 임동훈(2004)의 조사 결합 유형 체계를 토대로 본고의 연구 대상에 맞게 다음 <표 2-5>와 같이 조사 결합 유형을 5 가지로 분류하였다.

〈표 2-5〉 상위 15위 항목 분석 결과 조사 결합 유형

유형	조사 결합 형태	조사 결합 항목
1유형	의미격 조사+문법격 조사	에서의
		과의
2유형	의미격 조사+후치사	에다가
		에만
		에서부터
3유형	의미격 조사+첨사	에는
		에도
		에서는
		로는
		에서도
		께서는
		에게는
		한테는
		로도
		과는
4유형	후치사+첨사	까지는
		보다는
		부터는
5유형(예외)	후치사+후치사	뿐만

본고의 연구 대상이 한국어의 조사 결합이기 때문에 조사 결합의 개념 정리와 마찬가지로 조사 결합 유형 설정도 아주 중요하다. 조사 결합은 두 개 이상의 조사가 서로 결합하여 형성된 조사의 결합체이다. 따라서 조사가 나타내는 각각의 다른 문법적, 의미적, 화용적 특성에 따라 조사 결합의 유형도 다양하다. 이에 따라 학자마다 조사 결합

의 유형에 대한 논의가 조금씩 다르므로 본고에서는 몇 가지 논의에 대해 살펴보고 공통적인 것을 토대로 본고의 조사 결합 유형을 정리하고자 한다.

이관규(1999)에서는 우선 한국어 조사를 의미격 조사, 구조격 조사, 보조사로 나누어 조사 결합 유형을 설정하고자 하였다. 조사 결합의 유형에 대해서 '의미격 조사+보조사', '의미격 조사+구조격 조사', '보조사+구조격 조사', '의미격 조사+의미격 조사'로 나누었고 이 중에서 보조사와 구조격 조사는 원칙적으로 결합이 되지 않으나 '만이'와 '께서는'과 같은 예외적인 현상이 일어나므로 결합의 성립을 인정하였다.

임동훈(2004)에서는 한국어 조사 전체를 대상으로 그 하위 부류를 진행하였고 각 하위 부류 간에 존재하는 결합상의 제약과 순서를 밝히고자 하였다. 우선 네 가지의 통사적, 의미적 특성을 바탕으로 격조사를 문법격 조사와 의미격 조사로 나누고 전자에는 '이/가, 을/를, 의'를, 후자에는 '에/에게, 에서, 으로/로, 와/과'를 포함시켰다(임동훈, 2004:140). 그리고 특수조사는 통합상의 특징과 의미의 성격에 따라 후치사와 첨사로 나누고 그 전자에는 '만, 까지, 다가, 밖에, 부터, 조차, 처럼, 같이, 보다, 만큼, 대로' 등을, 후자에는 '은/는, 이야/야, 도, 이나/나, 이라도/라도'를 포함시켰다(임동훈, 2004:141).

문법격 조사는 의미적 관계와 무관한 통사적 관계를 표시하고 의미격 조사는 위치(location)나 도구(instrument)와 같은 의미적 관계를 표시한다(임동훈, 2004:142). 후치사는 잠재적 대립 관계에 있는 항목들의 집합에서 특정 항목을 선택해 자신의 작용역으로 삼지만 첨사는 상황에 대한 화자의 전제를 바탕으로 특정 상황을 표상하여 자신의 작용역이 선행 명사를 넘어 관련 상황에까지 이르게 된다는 차이가 있다(임동훈, 2004:143-145). 요컨대 후치사와 첨사의 구분은 그 뒤에 다른 조사가 올 수 있느냐 없느냐 하는 분포상의 차이와 아울러 이에 상응하는 의미상의 차이, 즉 그 작용역이 선행어에 국한되느냐 그렇지 않느냐의 차이에 의해 뒷받침된다(임동훈, 2004:130-131). 따라서 임동훈(2004)에서는 조사 결합을 '의미격 조사+문법격 조사', '의미격 조사+의미격 조사', '의미격 조사+후치사', '의미격 조사+첨사' '후치사+첨사' 다섯 가지 유형으로 나누었다.

국립국어원의 외국인을 위한 한국어 문법1(2005)에서는 격조사를 격조사Ⅰ, 격조사Ⅱ로 나누고 보조사를 보조사Ⅰ과 보조사Ⅱ로 분류하여 조사 결합을 설명하였다. 격조사Ⅰ에는 '이/가, 을/를, 의'가 속하고 격조사Ⅱ에는 '에, 에게, 에서, (으)로, 와/과'가 속한다고 하였다. 그리고 보조사Ⅰ에는 '은/는, 도, 야, (이)나, (이)라도'가 속하고 보조사Ⅱ에는 '만, 까지, 밖에, 부터, 조차'등이 속한다고 설명하였다. 그리고 조사 결합의 유형을 '격조사Ⅱ+격조사Ⅰ', '보조사Ⅱ+격조사Ⅰ', '격조사Ⅱ+보조사Ⅰ', '보조사Ⅱ+보조사Ⅰ', '격조사Ⅱ+보조사Ⅱ', '격조사Ⅱ+격조사Ⅱ'등 여섯 가지 유형으로 나누었다.

따라서 기존 연구에서의 조사 결합 유형을 바탕으로 본고에서는 임동훈(2004)의 조사 하위 부류 및 조사 결합 유형을 참고하여 본 연구에서는 선행 연구에서 다룬 조사 결합 유형을 종합적으로 검토하여 다음과 같이 조사 결합 유형을 분류하고자 한다.

<표 2-6> 조사 결합 유형 정리

번호	조사 결합 형태
1	의미격 조사+첨사
2	의미격 조사+후치사
3	후치사+첨사
4	후치사+문법격 조사
5	의미격 조사+문법격 조사
6	의미격 조사+의미격 조사

위 <표 2-6>에서와 같이 조사 결합 유형을 '의미격 조사+첨사', '의미격 조사+후치사', '후치사+첨사', '후치사+문법격 조사', '의미격 조사+문법격 조사', '의미격 조사+의미격 조사' 등의 6가지로 분류하여 연구를 진행하고자 한다. 단, 임동훈(2004)에서는 '후치사+문법격 조사' 결합 형태를 언급하지 않았으나 국립국어원의 외국인을 위한 한국어 문법1(2005)에서는 격조사Ⅰ과 보조사Ⅱ가 결합할 때에는 격조사Ⅰ이 항상 보조사Ⅱ 뒤에 결합한다고 제시하였다. 그 예로는 '만이, 만을, 만의, 까지의'이다. 따라서 본고에서는 후치사와 문법격 조사 간의 결합을 연구에 포함시키고자 한다. 또한 앞서 분석한 선행연구에서는 '후치사+후치사' 결합을 예외로 제시하여 조사 결합의 유형에 포함시켰으나 본고에서는 결합 유형에 포함시키지 않았다.

홍사만(2002)에서는 조사 결합 형태를 분류할 때 '후접 기능도'를 기술한 바 있었다. 본고에서는 최경화(2014)에서의 '전치'라는 개념을 도입하여 '전치'를 중심으로 한국어 조사 결합의 유형을 재정리하였다. 즉, '문법격 조사 전치', '의미격 조사 전치', '후치사 전치', '첨사 전치'로 구분하였다. 조사 전치 유형에 따른 조사 결합 유형을 정리하면 <표 2-7>와 같다.

〈표 2-7〉 조사 전치 유형에 따른 조사 결합 세부 유형

조사 결합 유형	조사 결합 세부 유형
문법격 조사 전치	-
의미격 조사 전치 ①유형	의미격 조사 + 문법격 조사
의미격 조사 전치 ②유형	의미격 조사 + 의미격 조사
의미격 조사 전치 ③유형	의미격 조사 + 후치사
의미격 조사 전치 ④유형	의미격 조사 + 첨사
후치사 전치 ①유형	후치사 + 문법격 조사
후치사 전치 ②유형	후치사 + 첨사
첨사 전치	-

위의 <표 2-7>에서 제시한 바와 같이 본 연구에서 고찰하고자 하는 조사 결합의 유형은 의미격 조사가 전치하여 각 조사와 결합하는 4가지 유형과 후치사가 전치하여 문법격 조사와의 결합, 첨사와의 결합 등 총 6가지 유형으로 분류할 수 있다.

2. 한국어 조사 결합의 유형별 특성

본 절에서는 조사의 하위 부류를 토대로 문법격 조사 전치, 의미격 조사 전치, 후치사 전치, 첨사 전치, 즉 '전치'라는 개념을 도입하여 조사 결합 유형별 특성을 정리하도록 하겠다.

가. 문법격 조사가 전치하는 조사 결합

임동훈(2004)에서는 문법격 조사는 서로 결합할 수 없다고 하였다. 따라서 다음 예문과 같이 문법격 조사와 문법격 조사의 결합은 정문이 될 수 없다.

> (1) ㄱ. 영희가를 식당에 간다.

또한 문법격 조사가 의미격 조사와 결합하는 경우와 문법격 조사가 후치사와 결합하는 경우, 그리고 문법격 조사가 첨사와 결합하는 경우도 마찬가지다.

> (2) ㄱ. *철수가에게 영희를 소개했어요.
>   ㄴ. *철수가만 돈을 가져왔어요.
>   ㄷ. *철수가도 밥을 먹었어요.

즉 예문 (2)에서 볼 수 있듯이 문법격 조사가 전치하는 모든 유형의 조사 결합 형태는 비문이 된다.

나. 의미격 조사가 전치하는 조사 결합 유형

문법격 조사는 서로 결합할 수 없는 반면에 의미격 조사는 서로 결합할 수 있는데, 의미격 조사가 서로 결합할 때에는 일정한 순서와 제약이 있다(임동훈, 2004). 다음은 의미격 조사끼리 결합한 예이다.

(3) ㄱ. 유치원에 가서 집<u>에서와</u> 같이 행동하면 안 돼.

ㄴ. 철수는 뒷동산의 그 밤나무<u>에로</u> 갔다.

ㄷ. 영광은 그<u>에게로</u> 돌아갔다.

두 번째로 의미격 조사가 전치하는 경우는 문법격 조사와의 결합이다. 이때에는 문법격 조사가 의미격 조사에 후행한다. 임동훈(2004)에서는 의미격 조사에 속격조사 '의'가 결합할 수 있으며, 의미격 조사에 주격조사 '이/가'도 결합될 수 있는데 결합이 되는 경우는 대체로 '…이/가 아니다' 구문에 한정된다고 언급한 바 있다. 따라서 이 유형의 조사 결합은 제한적으로 성립이 가능하다.

(4) ㄱ. 에/에게-의, 로-의, 에서-의, 와-의

ㄴ. 에게-가, 에서-가

ㄷ. 에/에게를

의미격 조사가 전치하는 조사 결합의 세 번째 유형으로 의미격 조사와 후치사가 결합되는 경우이다. 임동훈(2004)에서는 의미격 조사는 후치사와 결합할 수 있는데, 이때는 의미격 조사가 항상 후치사에 선행한다고 하였다. 다만 '까지'의 경우는 '까지-보다'에서 보듯이 일부 의미격 조사가 후치사에 선행할 수 있다는 예외적 속성을 보인다.

또한 '와/과'의 경우는 '만'을 제외한 다른 후치사와의 결합이 자연스럽지 못하다는 특징이 있는데 다음 (5)는 의미격 조사와 후치사의 결합 관계를 정리한 예이다.

(5) ㄱ. 에/에게-까지/다가/만/만큼/밖에/부터/뿐/보다/조차/처럼

  ㄴ. 로-까지/다가/만/밖에/부터/보다/조차/처럼

  ㄷ. 에서-까지/만/만큼/밖에/부터/뿐/보다/조차/처럼

  ㄹ. 와-만

의미격 조사가 전치하는 마지막 유형은 의미격 조사와 첨사가 결합된 경우이다. 이때에는 의미격 조사가 첨사에 선행한다. 다음은 의미격 조사와 첨사가 결합된 예이다.

(6) ㄱ. 에/에게-는/도/야/나/라도

  ㄴ. 로-는/도/야/나/라도

  ㄷ. 에서-는/도/야/나/라도

  ㄹ. 와-는/도/라도

다. 후치사가 전치하는 조사 결합 유형

후치사가 전치하는 조사 결합 유형의 첫 번째는 후치사와 문법격 조사가 결합된 경우이다. 본고에서 살피고 있는 후치사는 '만, 보다, 까지, 부터'인데, 예문은 아래 (7)과 같다.

(7) ㄱ. 다른 사람이 아닌 당신만을 사랑할거야.

  ㄴ. 이번 일은 철수만이 해결할 수 있어.

다음으로 살펴볼 유형은 후치사와 첨사가 결합된 조사 결합 유형이
다. 임동훈(2004)에 따르면, 후치사와 첨사가 결합할 경우에는 후치사
가 첨사에 선행한다. 아울러 그 결합의 예는 다음과 같다.

(8) ㄱ. 까지-는/도/야/나/라도
    ㄴ. 다가-는/도/야/나/라도
    ㄷ. 밖에-는/도/야/나/라도
    ㄹ. 부터-는/도/야/라도
    ㅁ. 조차-는/도/야/라도
    ㅂ. 만-은/도/이라도
    ㅅ. 보다-는/도/야
    ㅇ. 처럼-은/도/야/나/라도
    ㅈ. 만큼-은/도/야/나/라도
    ㅊ. 뿐-은
    ㅋ. 대로-는/도/야/나/라도

라. 첨사가 전치하는 조사 결합 유형

첨사가 전치하는 조사 결합의 첫째 유형은 첨사와 문법격 조사가
결합하는 유형이다. 앞서 문법격 조사와 첨사의 결합을 밝힌 바와
같이 첨사와 문법격 조사는 결합할 수 없다. 이에 대하여 목정수(1998
ㄱ, ㄴ)에서는 '이/가', '을/를'이 '은/는, 도'와 결합할 수 없음을 담화
기능 표지인 한정사에 속해 서로 대립하고 있는 데에서 찾았다. 또한

황화상(2003)에서는 첨사 '은/는, 도'는 그 작용역이 선행 명사구를 벗어나므로 명사구를 작용역으로 하는 문법격 조사 '이/가, 을/를'과 함께 쓰이지 못한다고 언급하였다.

첨사가 전치하는 조사 결합의 두 번째 경우로는 첨사와 의미격 조사의 결합 유형을 살펴보겠다. 의미격 조사와 첨사의 결합이 앞서 살핀 바와 같이 성립되었던 것에 반해, 첨사와 의미격 조사의 순으로 결합되면 성립되지 못한다.

첨사가 전치하는 조사 결합의 세 번째 유형인 첨사와 후치사에 대해 알아보면 첨사와 후치사의 결합을 논의한 바와 같이, 이 두 조사는 후치사가 반드시 첨사의 앞에 한다. 따라서 첨사에 후행하는 후치사는 모두 비문이 된다.

(9) *이 가게는 오후 10시도까지 문을 연다.

첨사가 전치하는 조사 결합의 경우 마지막으로 첨사와 첨사의 결합을 예로 들 수 있다. 이는 예문 (10)만 봐도 결합이 성립되지 못한다는 것을 쉽게 알 수 있다.

(10) ㄱ. *어린이라도나 들 수 있는 무게예요.
    ㄴ. *어른이야말로도 들 수 없는 무게예요.

즉 첨사는 문법격 조사와 마찬가지로 그 어떤 유형의 조사와 성립이 불가능하다. 지금까지 조사와 조사가 서로 결합될 때 그 결합 순서에 따라 유형화를 하고 결합이 가능한지를 살펴보았다. 이상에서 논의된 바를 표로 정리하면 다음의 <표 2-8>과 같다.

<표 2-8> 조사 결합 유형별 성립 가능 여부

성립 가능	의미격 조사+문법격 조사, 의미격 조사+의미격 조사, 의미격 조사+후치사, 의미격 조사+첨사, 후치사+문법격 조사, 후치사+첨사
성립 불가능	문법격 조사+문법격 조사, 문법격 조사+의미격 조사 문법격 조사+후치사, 문법격 조사+첨사, 후치사+후치사, 첨사+문법격 조사, 첨사+의미격 조사, 첨사+후치사, 첨사+첨사

아울러 둘 이상의 조사가 서로 결합할 때 결합 순서는 조사의 특성에 따라 다르며 각 조사는 문법적 기능에 따라 결합 시에 제약이 생긴다.

문법격 조사, 의미격 조사, 후치사, 첨사 간의 결합 관계는 명사에 의미격 조사가 가장 가까이 결합하고 문법격 조사와 첨사가 가장 멀리 결합하며 그 사이에 후치사가 결합할 수 있는 것으로 보았다. 물론 후치사 앞에는 의미격 조사가 항상 오는 것이 아니기 때문에 명사 어기 뒤에 후치사가 바로 결합할 수도 있다. 그리고 의미격 조사는 의미가 조화될 수 있는 범위에서 제한적으로 서로 결합할 수 있고 후치사는 제한된 일부를 제외하면 원칙적으로 서로 결합이 불가능하며 문법격 조사와 문법격 조사, 후치사와 후치사, 첨사와 첨사, 문법격 조사와 첨사는 서로 결합하지 못한다. 이들 간의 결합 관계를 아래와 같이 정리할 수 있다.

(11) ㄱ. 의미격 조사 + 후치사 + 문법격 조사

   ㄴ. 의미격 조사 + 후치사 + 첨사

임동훈(2004)에서 밝힌 조사 결합의 특성을 바탕으로 본고의 조사 결합의 유형별 특성을 정리하면 다음과 같다.

〈표 2-9〉 조사 결합의 각 유형별 특성

구분		특징
격조사	문법격 조사	• 문법격 조사끼리 결합할 수 없다.
	의미격 조사	• 명사와 가장 가까이 결합한다. • 의미격 조사끼리 결합할 수 있다.
특수 조사	후치사	• 후치사끼리 결합할 수 없다. • 뒤에 다른 조사가 올 수 있다. • 작용역이 선행어에 국한된다.
	첨사	• 첨사끼리 결합할 수 없다. • 뒤에 다른 조사가 올 수 없다. • 작용역이 선행어를 넘어 관련 상황에까지 이른다.

3. 중국인 KFL 학습자를 위한 한국어 조사 결합 연구

앞서 조사 결합은 중국어에는 없는 규칙이기 때문에 중국인 KFL 학습자들이 한국어 조사 결합을 습득하고 사용하는 데에 큰 어려움이 있다고 밝힌 바 있다. 그러나 조사 결합 형태는 일상생활에서도 많이 사용되는 중요한 문법 요소이고 모국어 화자와의 원활한 의사소통을 위한 도구이기 때문에 중국인 KFL 학습자들은 반드시 조사 결합을 정확하게 이해하고 바르게 사용할 수 있어야 한다.

본고의 연구 목적이 중국인 KFL 학습자를 위한 조사 결합 교육 방안을 마련하는 것이기 때문에 한국어 조사 결합과 중국어 표현을 비교할 필요가 있다. 이에 본 절에서는 중국인 KFL 학습자들이 쉽게 이해하고 활용할 수 있도록 중국어 개사(介詞)와 대조하면서 조사 하위 부류를 진행할 것이며 중국인 KFL 학습자들에게 적합한 조사 결합 목록을 제시하고자 한다.

중국어에는 한국어와 동일한 개념인 조사 체계가 없기 때문에 기존 연구들에서는 한국어의 조사와 비슷한 특성을 가진 중국어 개사를 대조·분석하였다. 왕붕(2008)에서는 한국어 조사와 중국어 개사의 특성에 대해 대조하였는데 유사성이 많이 보인다고 논의하였다. 구체적인 내용을 살펴보면 다음과 같다.

첫째, 한국어 조사와 중국어 개사는 모두 의존형태소이자 형식형태소이다.

둘째, 한국어 조사와 중국어 개사는 모두 문장에서 주로 명사 어기를 수식하는 부사어 역할을 한다. 즉 대부분의 조사와 개사는 동사 앞에 위치한다.

셋째, 중국어 개사는 다른 개사와 결합해서 사용하지 못하지만 한국어 조사는 다른 조사와 결합하여 사용할 수 있다.

넷째, 한국어 조사는 체언 뒤에 붙는 후치사이며 중국어 개사는 명사나 대명사 앞에 위치하는 전치사이다.

다섯째, 한국어 조사와 중국어 개사는 본래 동사에서 온 것이다.

또한 슬지엔(2010)에서 나열한 한국어 조사와 대응하는 중국어 표현 형태를 재정리하면 아래와 같다.

〈표 2-10〉 한국어 조사와 대응하는 중국어 표현

구분		조사 항목	대응 중국어 표현
격조사	문법격 조사	이/가	∅
		을/를	∅
		의	'的'
	의미격 조사	에	'在', '向'
		에게	'跟', '给'
		에서	'在', '向', '从'
		으로/로	'向', '往', '用', '由', '作为'
		와/과	'和'
특수조사	후치사	만	'只'
		까지	'连…都', '到…为止'
		부터	'从'
		조차	'连…都'
		처럼	'像…一样'
		보다	'比'
		만큼	'像…一样', '和…差不多'
	첨사	은/는	∅
		이야/야	'啊', '呀', '哇'
		도	'也', '连…都'
		이라도/라도	∅

<표 2-10>은 한국어 단일 조사와 중국어 대응 표현을 정리한 표이다. 그러나 한국어 조사 체계가 매우 복잡하기 때문에 단순히 한국어 조사와 중국어 개사를 비교하면 다소 형식적이고 한국어 조사의 특성

을 정확하게 논의하기 어렵다고 볼 수 있다. 따라서 중국어 개사와 일대일 대응 표현을 찾는 것보다 실제 조사가 문장에서 나타나는 의미를 고려하여 개사와 다른 다양한 표현으로 대응시키는 것이 한국어 조사 결합을 이해하는 데 도움이 될 것이다. 한국어 조사 결합과 대응하는 중국어 표현은 단일 조사와 대응하는 중국어 표현을 단순하게 다시 결합하는 것이 아니라 조사 결합이 문장에서 실제 적용된 의미와 맥락을 고려하여 판단해야 한다. 한국어 조사 결합과 대응하는 중국어 표현은 상황에 따라 세 가지로 나누어 살펴볼 수 있다(동양효, 2012:42-44).

첫째, 한국어 단일 조사와 대응하는 중국어 표현끼리 그대로 결합하는 경우이다. 이런 경우에는 주로 대응하는 중국어 표현이 단일 표현 혹은 다양한 표현 중 가장 기본적인 표현들의 결합이 많다.

---

(12) ㄱ. 오늘은 여기<u>까지만</u>...
　　　　今天<u>就到此为止</u>吧。
　　ㄴ. 집<u>에서도</u> 열심히 공부한다.
　　　　<u>在</u>家<u>也</u>认真学习。
　　ㄷ. 그 사실을 영희<u>에게만</u> 말했다.
　　　　那件事<u>只跟</u>英姬说了。

예문 (13ㄱ)에서 제시하듯이 조사 '까지'와 '만'이 결합한 것처럼 중국어 표현에서도 한국어 조사와 대응하는 표현 '就(만)'과 '到...为止(까지)'가 서로 결합한다. (14ㄴ)은 '在(에서)'와 '也(도)'가 결합한 예로 한국어 조사 결합과 그대로 대응해서 쓰인 것으로 볼 수 있다.

(14ㄷ)도 마찬가지로 '跟(에게)'와 '只(만)'이 그대로 대응하여 결합한 것이다.

둘째, 한국어 단일 조사와 대응하는 표현 중에 단일 표현이 있거나 다양한 표현이 있는 표현과 대응하는 표현이 없는 표현끼리 결합하는 경우도 있다. 이는 주로 문법격 조사와 첨사 '는'과 다른 표현의 결합이다.

---

(13) ㄱ. 나는 너만을 사랑한다.
　　　我只爱你。

ㄴ. 사장님께서는 오늘 좀 늦는다고 하셨다.
　　社长说今天晚一点。

ㄷ. 오늘 아침에는 밥을 먹지 않았어요.
　　今天早上没吃早餐。

셋째, 한국어 조사 결합은 단일 조사끼리의 결합으로 볼 수 있지만 상황과 맥락에 따라서 의미가 다양해진다. 때문에 한국어 조사 결합과 대응하는 중국어 표현도 단일 조사의 대응하는 표현끼리 재결합한 표현만이 아닌 상황과 맥락에 따라 표현이 달라질 수 있다.

---

(14) ㄱ. 사람들이 그들만의 예술 스타일을 인정해 주었다.
　　　大家认可了他们独有的艺术风格。
　　　(사람들이 그들의 특유한 예술 스타일을 인정해 주었다.)

위 예문에서 알 수 있듯이 '만의'라는 조사 결합과 대응하는 중국어 표현이 '只'와 '的'이지만 문장 맥락을 고려했을 때 '独有(특유하다)'라는 표현이 더 적절하고 자연스럽다.

이상의 논의를 통해 한국어 조사 결합과 대응하는 중국어 표현은 단순 단일 조사끼리의 결합도 있지만 상황과 문맥에 따라 표현을 하지 않는 경우도 있고 실제 뜻이 있는 어휘를 활용해 표현하는 경우도 있다는 것을 알 수 있다. 그러므로 한국어 조사 결합과 대응하는 중국어 표현은 위에서 언급한 세 가지 상황에 따라 유형별로 나누어 분석해야 한다. 이를 앞장에서 정리한 조사 결합 각 유형별로 나누어 예문과 함께 정리하면 아래 <표 2-11>과 같다.

〈표 2-11〉 한국어 조사 결합에 대응하는 중국어 표현

조사 결합 유형	예문
의미격 조사 ①유형	· 한국에서의 유학 생활이 끝났다. 结束了<u>在韩国的</u>留学生活。 · 영희는 매일 영화관<u>에를</u> 간다. 英姬每天去电影院。 · 부모님께 앞<u>으로의</u> 계획을 말씀 드렸다. 跟父母讲了我<u>未来</u>的打算。
의미격 조사 ②유형	· 그 사실을 영희<u>에게와</u> 철수에게 이야기했다. 那件事<u>跟</u>英姬<u>和</u>哲洙说了。 · 영광은 그<u>에게로</u> 돌아갔다. 光荣归于他。
의미격 조사 ③유형	· 지금부터는 한국어<u>로만</u> 대화를 할 수 있다. 现在开始<u>只能用</u>韩国语对话。 · 한국 사람들은 특별한 날<u>에만</u> 선물을 한다. 韩国人只有在特别的日子送礼物。

조사 결합 유형	예문
의미격 조사 ④유형	· 기숙사에서도 요리를 할 수 있습니까? 在宿舍也可以煮饭吗？
	· 우리나라 춤과는 완전히 다르네요. 和我们国家的舞蹈完全不同。
후치사 ①유형	· 내년까지의 계획을 이야기했다. 说了到明年的计划。
	· 이 일은 철수만이 해결할 수 있다. 这件事只有哲洙才能解决。
	· 소수민족은 자신들만의 고유한 문화가 있다. 少数民族有他们独有的文化。
후치사 ②유형	· 나는 지금까지도 그의 말이 이해가 안 된다. 我到现在也不理解他的话。
	· 내일부터는 일을 해야지. 明天开始要工作了。

<표 2-11>에서 알 수 있듯이 위에서 제시한 세 가지 상황이 각 유형별 조사 결합에 모두 나타나는 것은 아니다. 따라서 중국인 KFL 학습자들이 한국어 단일 조사를 정확하게 이해한 후 <표 2-7>과 같이 각 유형별로 정리하여 예문을 통해 한국어 조사 결합을 학습할 수 있다.

Ⅲ. 중국인 KFL 학습자의 조사 결합양상 확인을 위한 조사 설계

1. 중국인 KFL 학습자의 조사 결합 사용 양상 조사

 본 연구는 중국인 KFL 학습자를 대상으로 한 한국어 조사 결합의 교육을 위한 연구이다. 이에 본고에서는 중국인 KFL 학습자들의 한국어 조사 결합에 대한 인식과 오류를 분석하여 중국인 KFL 학습자들에게 적합한 조사 결합 교육을 진행하고자 한다. 아울러 중국인 KFL 학습자들의 한국어 조사 결합 오류 원인을 한국어 교사와 중국 출판 한국어 교재에서 찾아보려고 한다. 이를 위해 한국어 교사를 대상으로 조사 결합 교육 양상에 대한 조사를 할 것이고 중국인 KFL 학습자들이 주로 사용하는 교재의 조사 결합 내용을 한국 통합교재와 비교·분석하고자 한다.

 그리고 현재 중국에서 진행되고 있는 조사 결합 교육에 대한 학습자들의 생각도 알아보아야 더 좋은 교육 방안을 구성할 수 있기 때문에 본 절에서는 중국인 KFL 학습자의 한국어 조사 결합에 대한 인식 및 사용 양상을 살펴보려고 한다. 이를 위해 G대학 한국어과 2, 3학년 학생들을 대상으로 설문 조사를 진행할 것이다.[1] 본고에서는 결과 분석의 편의성을 위해 중국인 KFL 학습자의 한국어 조사 결합 인식 조사와 사용 양상 조사를 따로 진행하고자 한다.[2]

　　조사 대상은 중국 G대학의 한국어과 2, 3학년 학생 85명이며, 조사는 2021년 4월 15일부터 2021년 4월 27일까지 12일 간 진행되었다. 본고에서는 결과 분석의 편의성을 위해 중국인 KFL 학습자의 한국어 조사 결합 인식 조사와 사용 양상 조사를 따로 진행하였다.[3] 그 중 7명의 학습자가 조사 결합 인식 조사에는 참여하였으나 조사 결합 사용 양상 조사에 성실히 참여하지 않았으므로 조사 대상에서 제외시켰다.

〈표 3-1〉 설문 조사 대상 및 기간

조사	내용
조사 대상	중국인 한국어 학습자 85명 (중국 G대학 한국어학과 학생)
조사 기간	2021년 4월 15일 ~ 2021년 4월 27일

---

1) 1학년 학생들은 한국어 조사 결합에 대해 제대로 인지하지 못했기 때문에 제외시켰고 4학년 학생들은 실습으로 학교에 있지 않으므로 4학년 학생들도 조사 대상에서 제외시켰다.
2) 중국인 KFL 학습자의 한국어 조사 결합 인식 조사는 위챗 미니 프로그램을 이용하여 진행하며 한국어 조사 결합 사용 양상 조사는 테스트 형식으로 충분한 설명을 한 후 진행하려고 한다.
3) 중국인 KFL 학습자의 한국어 조사 결합 인식 조사는 위챗 미니 프로그램을 사용하여 진행하였고 한국어 조사 결합 사용 양상 조사는 테스트 형식으로 충분한 설명을 한 후 진행하였다.

설문에 참여하는 학습자들은 전부 한국어학과 학생들이므로 한국어 문장의 구성 성분, 각 문법에 대한 개념과 용법 등은 상세히 알고 있기 때문에 따로 설명하지 않았다. 그러나 본고의 연구 대상인 조사 결합 개념 및 유형에 대한 설명이 교재에는 출현되지 않았으므로 예시를 통해 제시하였다.

피조사자 정보에서 보다시피 한국어 학습자의 성별 중 여성이 90.59%로 남성 9.41%보다 현저히 많은 수치이다. 이는 외국어를 학습하는 학습자들이 여성이 많으며 한국에서든 중국에서든 다 마찬가지이다. 본고에서 조사 대상으로 삼는 G대학 2, 3학년 학생들이 2021년 4월 11일에 중국에서 실시한 한국어능력시험에 응시하였다. 대부분의 학생들이 4학기 마치기 전에 한국어능력시험을 본다. 그러나 코로나 19로 한국으로 교환학생을 갈 수 없기 때문에 이번 시험에 응시하지 않은 학생들도 있었던 것으로 보인다. 그래서 한국어능력시험 등급에서 미소지자가 27명으로 가장 많았다. 다음은 6급 소지자가 23명으로 전체의 22.36%를 차지하였으며 5급이 19명으로 22.36%를 차지하였다. 그리고 4급과 3급이 각각 14명, 2명으로 전체의 16.47%, 2.35%를 차지하였다. 한국어능력시험 6급 소지자 가장 많은 이유는 3학년 학생들이 응시하였기 때문이다. 대다수 설문에 응한 학습자들 전부 중급 이상의 한국어 수준을 가지고 있다. 이는 연구자의 연구 대상에 알맞은 선택임을 보여준다. 본 연구의 피조사자 정보를 제시하면 다음과 같다.

〈표 3-2〉 피조사자 정보

	내용	인원	비율(%)
성별	남성	8	9.41%
	여성	77	90.59%
학습자 수준 (한국어능력시험 등급)	3급	2	2.35%
	4급	14	16.47%
	5급	19	22.36%
	6급	23	27.06%
	미소지자	27	31.76%

　　중국인 KFL 학습자의 한국어 조사 결합에 대한 인식 및 사용 양상을 살펴보기 위한 설문조사는 두 파트로 나누어 일주일 간격으로 두 번에 걸쳐 진행하려고 한다. 첫 파트는 조사 결합 인식 양상을 알아보는 객관식 문제이다. 중국인 KFL 학습자들의 한국어 조사 결합 인식에 대해 알아보는 질문은 총 12문항으로 구성되었다. 이 부분은 조사 및 조사 결합에 대한 이해, 난이도 인식, 학습 방법과 교수 만족도 그리고 조사 결합 교육의 필요성에 대한 설문 조사로 학습자들의 조사 결합의 가장 기본적인 인식과 이해를 알아보기 위한 질문들이다. 설문 조사의 질문들을 표로 제시하면 아래와 같다.

〈표 3-3〉 중국인 KFL 학습자의 조사 결합 인식 양상에 관한 설문 내용

번호	설문 내용
1	한국어 조사 및 조사 결합에 대한 이해
2	한국어 조사 결합에 대한 난이도 인식
3	한국어 조사 결합 학습 방법
4	한국어 조사 결합에 대한 교육 만족도
5	한국어 조사 결합 교육의 필요성

한국어 조사 결합 인식 양상 설문은 대부분 객관식으로 이루어졌으며 단 한국어 조사 결합 교육을 위해 무엇이 필요한가 하는 질문에만 주관식으로 자유롭게 쓰도록 하였다. 따라서 학습자 수의 응답 비율에 따라 분석을 진행하여 중국인 KFL 학습자들의 조사 결합에 대한 인식 분석을 진행하고자 한다.

한국어 조사 결합 인식 양상 조사 설문지는 우선 열린 질문 형식으로 예비조사를 진행하여 학습자들의 답변들을 반영하여 객관식으로 수정·보완하여 본조사를 진행하였다. 예비조사는 조사 및 조사 결합의 가장 기본적인 내용을 알아보는 객관식 문제 4문제와 한국어 조사 결합에 대한 학습 방법, 한국어 조사 결합의 사용 및 난이도, 한국어 조사 결합 교육의 필요성, 한국어 조사 결합에 대한 교사들의 교육 방법 등을 알아보는 주관식 문제 등 총 9문제로 설정하였다.

두 번째 파트는 중국인 KFL 학습자의 한국어 조사 결합 사용 양상을 파악하고 오류를 분석하기 위한 설문조사로 앞서 설정한 한국어 조사 결합 유형에 따른 문법성 판단 테스트이다. 문항은 조사 결합이 포함된 문장이 적절한지를 판단(O/X)하고 틀린 문장의 경우, 정답으로 고쳐 쓰도록 하였다. OX 판단 문제는 각 유형 별로 네 문제씩 총 24문제를 구성했으며, 학습자들이 틀린 문제를 고쳐 쓸 때 조사 결합 형태를 사용하지 않을 것을 방지하기 위해 <보기>를 제시하여 조사 결합을 사용하여 고쳐 쓰도록 설명을 하였다.

오류 분석은 어떠한 텍스트 자료를 가지고 연구하느냐에 따라서 그 연구 결과에 큰 영향을 미치게 된다. 그러므로 한국어 조사 결합 설문지 문항이 좀 더 적절하고 타당하고 현실성이 있게 하기 위하여 중국 내 한국어학과 전임교원 2명과 같이 검토하여 한국어 조사 결합 사용 양상 설문지를 설계하였으며 본조사에 앞서 2020년 12월 16일에 4학년 10명 학습자를 대상으로 한국어 조사 결합 사용 양상 예비조사를 진행하였다.[4] 예비조사 문항은 앞서 분류한 한국어 조사 결합 유형 문법격 조사 전치, 의미격 조사 전치의 4가지 유형과 후치사 전치의 2가지 유형 및 첨사 전치 유형에 따라 각 4문제씩 총 28문제로 구성하였다.

〈표 3-4〉 중국인 KFL 학습자의 조사 결합 사용 양상 예비조사지

결합 유형	세부 유형	문항 번호	문장
I. 문법격 조사 전치	문법격 조사+ 문법격 조사	1	*김치<u>가도</u> 맛있습니다.
		2	*저는 떡볶이<u>을은</u> 좋아해요.
		3	*주말에 친구<u>를도</u> 만났어요.
		4	*철수<u>가에게</u> 선물을 줬어요.
II. 의미격 조사 전치	의미격 조사 전치 ① 유형 (의미격 조사 + 문법격 조사)	5	내일 새로운 학생들<u>과의</u> 만남을 생각하니 잠이 안 옵니다.
		6	여기에 다시 오니 이곳<u>에서의</u> 추억이 떠오르네요.
		7	동생은 날마다 도서관<u>를에</u> 가요.
		8	산산 씨<u>에게가</u> 아니라 혜진 씨에게 사과를 해야지.
	의미격 조사 전치 ② 유형 (의미격 조사 + 의미격 조사)	9	영광은 그<u>로에게</u> 돌아갔다.
		10	학교<u>와에서</u> 집에서 모두 열심히 공부한다.
		11	나는 뒷동산 밤나무<u>에로</u> 갔다.
		12	손녀는 울면서 할머니<u>에게로</u> 달려갔다.

---

4) 4학년 학생들이 실습을 나가기 전인 1학기에 설문지의 난이도를 판단하기 위해 예비조사를 진행하였다.

결합 유형	세부 유형	문항 번호	문장
	의미격 조사 전치 ③ 유형 (의미격 조사 + 후치사)	13	생명은 부모님으로부터 받은 소중한 것입니다.
		14	철수는 도서관에서만 공부를 해요.
		15	서울부터에서 광저우까지 얼마나 걸려요?
		16	한국인은 특별한 날만에 선물을 한다.
	의미격 조사 전치 ④ 유형 (의미격 조사 + 첨사)	17	지금 이 순간도에 지구상 많은 곳에서는 축제가 진행 중이다.
		18	아프고 힘들 때에는 부모님이 그립다.
		19	한국어 문법이 중국어 문법은과 달라서 처음에 한국어를 배울 때 어려웠어요.
		20	대표적인 한국 음식으로는 김치, 비빔밥, 불고기 등이 있다.
Ⅲ. 후치사 전치	후치사 전치 ① 유형 (후치사 + 문법격 조사)	21	남들의만큼 노력만 가지고는 일류가 될 수 없다.
		22	이번 일은 사장님만이 해결할 수 있대.
		23	어디가부터 우리 땅입니까?
		24	철수는 내년까지의 여행 계획을 짜 놓았더라고요.
	후치사 전치 ② 유형 (후치사 + 첨사)	25	이런 스타일의 옷은 저는보다 영희 씨에게 더 잘 어울릴 것 같아요.
		26	너만은 나의 말을 들어 줄줄 알았어.
		27	나는 지금도까지 철수의 아내를 본 적이 없다.
		28	좋은 대학에 들어가려면 지금부터라도 열심히 해야지.
Ⅳ. 첨사 전치	-		

앞서 언급했다시피 한국어 조사 결합 사용 양상 설문지는 판단문제

로 구성되어 있다. 예비조사를 실시한 결과 판단문제 부분의 문법격 조사끼리 결합이 안 되는 경우를 정확히 인지하고 있었다. 따라서 본조사에서는 문법격 조사 간의 결합에 관한 문항은 제외시켰다. 또한 학습자들에게 한국어 조사 결합 순서가 맞는지 판단하고 맞게 수정하라고 충분한 설명을 했음에도 불구하고 고쳐 쓰는 부분에서 단일 조사로만 고쳐 쓴 학습자들이 많이 있었다.

예비조사를 진행한 결과 한국어 조사 결합의 규칙에 관한 질문을 중복으로 하였기 때문에 본조사에서는 통합시켰다. 그리고 한국어 조사 결합 교육의 필요성에 관한 질문은 주관식으로 쓰도록 수정하여 조사를 진행하였다. 그리고 전체적인 설문 내용을 체계적으로 수정하고, 설문지의 문항 수, 문항 형식 등도 보완하여 본조사를 진행하였다.

중국인 KFL 학습자의 한국어 조사 결합 사용 양상에 관한 설문 조사지는 앞서 밝힌 바와 같이 한국어 통합교재의 한국어 조사 결합 노출 현황을 분석하여 임동훈(2004)에서 분류한 한국어 조사 결합의 유형을 바탕으로 구성하였다. 따라서 조사 결합의 오류도 각 유형별로 분석하여 가장 높은 오류를 나타내는 조사 결합 유형을 선정하여 한국어 조사 결합 교육 방안을 제시하고자 한다.

오류의 판정 과정에서 어떻게 자료를 수집할 것인가를 고민하는 것도 아주 중요하지만 이미 수집한 자료를 어떻게 오류를 정확하게 식별한 것인가를 구분하는 것도 중요하다. 이는 오류 분석 과정에서 처음 단계이자 제일 중요한 단계라고 할 수도 있다. 그 이유는 오류와 실수를 제대로 구분해야 하며 해당 학습자의 현재 학습 정도도 잘 알아야 한다. 흔히는 본인 스스로 수정이 가능할 때는 실수로 인정하고 스스로 수정이 불가능할 때는 오류라고 보는데 자료를 수집하여 개개인마다 수정을 하게 하는 것은 현실적으로 아주 어려운 일이다. 이는 많은 오류 분석 연구의 한계라고 할 수 있으며 현실적으로 모든 것을 정확하게 판단한다고 할 수는 없다. 그러나 만약 연구자가 학습자들의 한국어 실력, 개개인의 언어 습득 정도, 언어 환경에 따른 습득 과정 등을 잘 이해하고 있으며 수년간의 외국어 교수 경험을 가지고 있다면 이러한 한계는 최소한으로 줄일 수 있다고 볼 수 있다.

중국인 KFL 학습자들의 한국어 조사 결합의 모든 오류 유형을 분석한 뒤 조사 결합에 대한 인식과 오류의 원인을 현행 출판된 한국 국내 교재와 중국 출판 한국어 교재에서 찾으려고 한다. 한국어 교재에 조사 결합에 대해 체계적으로 설명이 되어 있지 않으면 학습자들 또한 체계적인 조사 결합 교육을 받지 못하므로 여러 교재를 비교·분석할 필요가 있다. 아울러 중국인 KFL 학습자들은 한국어의 모든 내용을 선생님을 통해서 배우고 있기 때문에 한국어 교사에게서도 조사 결합 오류를 찾아볼 수 있다.

한국어 조사 결합의 오류 원인을 교재 및 한국어 교사를 통하여 찾아보려고 한 이유는 다음과 같다.

첫째, 본 연구의 연구 대상은 중국인 KFL 학습자이다. 즉 한국어의 문장의 구성 성분, 품사에 대한 개념과 용법 등에 대하여 중국에서 한국어 교재를 통하여 전문적으로 배운 학생들이다.

둘째, 조사 및 조사 결합을 전문적으로 배웠음에도 오류가 나타났다는 것은 KSL 학습자가 아닌 중국인 KFL 학습자들에게 교재에 명시적으로 제시되어 있지 않거나 충분한 설명을 해주지 못하고 있다고 생각하기 때문이다.

셋째, 중국인 KFL 학습자들은 한국어 관련 모든 내용을 한국어 교사를 통해 학습한다. 또한 비원어민 교사의 경우에도 한국어 표현에 오류가 생길 수 있기 때문에 중국인 KFL 학습자들의 조사 결합 오류 원인을 다각도로 파악하기 위해 교사를 대상으로 조사 결합의 양상에 대한 조사도 필요하다.

이에 본고에서는 중국인 KFL 학습자의 조사 결합 오류 분석 원인을 파악하기 위해 비원어민 한국어 교사를 대상으로 조사 결합 교육 양상에 대한 조사를 할 것이다. 그리고 중국인 KFL 학습자들이 주로 사용하는 교재를 분석하여 중국인 KFL 학습자를 위해 조사 결합 목록을 체계적으로 제시하고 중국인 KFL 학습자들에게 실질적으로 도움이 되는 한국어 조사 결합 교육 방안을 모색하고자 한다.

2. 한국어 교재의 조사 결합 내용 조사

본고의 연구 목적은 중국인 KFL 학습자의 한국어 조사 결합에 대한 사용 양상을 분석하여 중국인 KFL 학습자에게 효과적인 한국어 조사 결합 교육 방안을 제안하는 것이다. 앞서 한국어 조사 결합의 오류 분석을 위해 조사 결합 인식 조사와 사용 양상 조사를 실시하였다.

이에 본 절에서는 중국인 KFL 학습자의 한국어 조사 결합 오류 분석 원인을 파악하기 위해 중국인 KFL 학습자들이 주로 사용하는 한국에서 출판된 통합교재와 중국 출판 한국어 교재를 분석하고자 한다. 한국어 교재에서 조사 결합에 대해서 체계적으로 제시하지 않으면 교재를 위주로 한국어를 학습하는 외국인 학습자들은 조사 결합에 대한 체계적인 교육을 받지 못한다. 그러므로 현행 출판된 한국어 교재 내 조사 결합 내용을 체계적으로 살펴볼 필요가 있다. 한국 국내 교재와 중국 출판 한국어 교재에 문법 항목으로 제시된 단일 조사 항목과 조사 결합의 노출 현황을 정리하려고 한다. 따라서 한국 국내 출판 한국어 통합교재에서는 조사 결합을 어떻게 제시하고 어떤 방식으로 교육을 진행하는지 중국 출판 한국어 교재에서의 조사 결합 내용과 비교하여 분석하고자 한다.

각 한국어 교재의 조사 결합 내용을 분석하기에 앞서 우선 각 한국어 교재에서 문법 항목으로 학습하는 단일 조사 항목과 국제통용 한국어 표준 교육 모형(4단계)의 등급별 조사 목록부터 살펴보고자 한다. 이윤정(2002)에서는 여러 한국어 교재에서 조사 교육이 단계별로 어떻게 제시되고 있는지, 어떤 항목들이 출현하는지 각각 분석하여 비교한 바 있다(한윤정, 2010:22). 이 연구에서는 '초급 단계에서는 격조사를 중심으로, 중급 단계에서는 후치사와 첨사와의 결합형을 학습하며, 고급 단계에서는 대체로 특별히 학습해야 할 조사가 제시되어 있지 않다'고 밝혔다.

본고에서 분석하고자 하는 한국 교재는 한국의 한국어학당 그리고 중국의 대학교 한국어학과에서 많이 사용하고 있는 교재이다.5) 다음으로는 한국어 통합교재 ㉮, ㉯, ㉰, ㉱교재를 중심으로 급별 '문법 항목'으로 제시된 조사 목록을 살펴보고 이어서 앞서 분류한 조사 결합 유형을 바탕으로 4.2장에서 조사 결합의 노출 현황을 정리하도록 하겠다. 먼저 ㉮교재 내 급별 문법 항목으로 제시된 단일 조사

---

5) 경희대학교 교재 6권, 연세대학교 교재 12권, 이화여자대학교 교재 9권, 서울대학교 교재 12권을 조사하였다. 따라서 본고에서는 경희대학교 교재를 ㉮ 교재, 연세대학교 교재를 ㉯ 교재, 이화여자대학교 교재를 ㉰ 교재, 서울대학교 교재를 ㉱ 교재로 이름을 변경하고자 한다.

항목을 정리하면 다음과 같다.

〈표 3-5〉 ㉮교재 내 급별 문법 항목에 제시된 단일 조사6)

	문법 항목	단원	권
1	이/가	2	초급Ⅰ
2	은/는[주제]	3	
3	에[장소]	4	
4	을/를	8	
5	하고	9	
6	에서[장소]	9	
7	은/는[대조]	9	
8	(으)로[방향]	11	
9	도	11	
10	에[시간]	13	
11	께서	17	
12	(이)랑	18	
13	만	1	초급Ⅱ
14	에게/한테/께	2	
15	한테서/에게서	6	
16	의	6	
17	와/과	6	
18	보다[비교]	7	
19	(이)나[선택]	11	
20	에서/부터 ~까지	11	
21	마다	13	
22	처럼	1	중급Ⅰ
23	만큼	3	
24	(이)나[확대]	4	
25	더러	8	
26	에다가	8	
27	(이)라도[차선택]	1	중급Ⅱ
28	(이)야말로	2	

	문법 항목	단원	권
29	조차	3	
30	(이)나마	6	
31	는커녕	7	
32	(이)나	3	고급Ⅱ
33	(이)야	3	
34	마저	3	

㉠교재에는 총 34개의 단일 조사가 문법 항목으로 제시되었고, 초급에서 21개, 중급에서 10개, 고급에서 4개가 목표 문법으로 제시되었다.

이어서 ㉠교재의 조사 결합 노출 현황 분석 결과를 살펴보도록 하겠다. ㉠교재는 초급Ⅰ부터 고급Ⅱ까지 총 6권으로 구성되어 있다. 우선 ㉠교재의 단계별 조사 결합 노출 빈도를 정리하면 다음과 같다.

〈표 3-6〉 ㉠교재 내 조사 결합 노출 현황

	조사 결합 항목	초급Ⅰ	초급Ⅱ	중급Ⅰ	중급Ⅱ	고급Ⅰ	고급Ⅱ
1	과는	.	.	1	4	7	2
2	과도	.	.	1	1	1	1
3	과의	.	.	.	.	6	1
4	까지는	.	.	9	.	3	1
5	까지도	.	.	1	.	.	2
6	까지로	.	.	1	.	.	.
7	까지만	.	.	1	.	.	1
8	까지야	.	.	.	.	.	3
9	까지의	.	1	.	1	1	4
10	께는	.	.	.	.	.	1

---

6) ㉠교재와 ㉡교재의 급별 항목으로 제시된 단일 조사 항목은 한윤정(2010)을 참고하였음을 밝힌다.

	조사 결합 항목	초급Ⅰ	초급Ⅱ	중급Ⅰ	중급Ⅱ	고급Ⅰ	고급Ⅱ
11	께도	.	1	.	.	.	.
12	께서는	.	.	.	1	3	4
13	대로만	.	.	.	.	.	1
14	라고까지	.	.	.	.	.	1
15	로는	.	1	8	3	11	13
16	로도	.	1	1	.	4	4
17	로든	.	.	.	.	.	1
18	로만	.	.	1	2	2	6
19	로부터	.	.	2	3	1	11
20	로의	.	.	3	.	1	.
21	만으로	.	.	3	.	.	3
22	만으로도	.	.	.	1	.	1
23	만은	.	.	.	.	3	.
24	만을	.	1	1	4	.	1
25	만의	.	.	.	.	.	2
26	만이	.	.	.	.	3	7
27	만큼만	.	.	1	.	1	.
28	만큼은	.	.	.	.	.	1
29	밖에는	.	.	.	.	4	1
30	보다는	.	1	3	4	10	9
31	보다도	.	1	2	.	5	1
32	부터는	.	1	1	.	2	.
33	부터라도	.	.	.	1	.	1
34	뿐만	.	.	.	.	3	1
35	뿐만이	.	.	.	1	.	.
36	서나	.	.	1	1	1	.
37	서도	.	.	.	.	2	.
38	에게나	.	.	.	.	1	.
39	에게는	.	5	2	4	5	14
40	에게도	.	1	.	1	3	3
41	에게만	.	.	.	1	.	.
42	에겐	.	.	.	1	.	.
43	에까지	.	.	.	.	1	3
44	에나	.	.	.	.	1	.
45	에는	18	102	81	75	147	105
46	에도	1	7	13	16	23	32

	조사 결합 항목	초급 I	초급 II	중급 I	중급 II	고급 I	고급 II
47	에만	.	2	1	6	3	4
48	에서까지	.	.	.	.	.	1
49	에서나	.	.	1	1	1	2
50	에서는	1	13	14	19	19	32
51	에서도	1	4	2	1	6	9
52	에서든	.	.	.	.	.	1
53	에서든지	.	.	.	.	2	1
54	에서만	.	2	1	.	.	2
55	에서부터	.	.	.	1	2	2
56	에서의	.	.	.	.	2	.
57	에선	.	.	.	.	.	1
58	에야	.	.	.	.	1	.
59	엔	.	1	.	2	3	1
60	하고는	.	.	.	.	.	2
61	한테는	.	2	1	.	.	.
62	한테도	.	.	.	.	.	1
63	조차도	.	.	.	.	1	.

㉮교재에 사용된 조사 결합 항목으로는 <표 3-6>과 같이 총 63가지로 매우 다양했으나 '에는, 에도, 에서는'이 전체 조사 결합 항목 노출 비율의 절반 이상을 차지하고 있다. 또한 '만으로, 뿐만이, 만으로도'와 같이 두 개 이상 조사 간 결합 형태도 노출되어 있다. 빈도는 높지 않으나 ㉮교재에서 나타나는 조사 결합 축약형으로는 '서나, 서도, 에겐, 에선, 엔'이 있다. 분석 결과를 살펴보면 초급보다 중·고급에서 조사 결합 빈도가 높음을 알 수 있었다.

다음은 ㉯교재 내 급별 문법 항목으로 제시된 단일 조사 항목을 정리하고자 한다. ㉯교재는 '연세 한국어1'부터 '연세 한국어 6'까지 총 6권으로 구성되어 있으며 ㉯교재의 단일 조사 목록을 제시하면 다음 <표 3-7>과 같다.

<표 3-7> ㉯교재 내 급별 문법 항목에 제시된 단일 조사

	문법 항목	단원	권
1	은/는[주제]	1-1	
2	이/가	2-1	
3	도	2-2	
4	에[장소]	2-3	
5	하고	2-4	
6	을/를	3-1	
7	에서[장소]	3-4	
8	까지	5-1	
9	에[시간]	5-3	
10	부터 ~까지	5-3	1
11	와/과	6-1	
12	에게	6-4	
13	(으)로[방향]	7-1	
14	(으)로[수단]	7-1	
15	에서 ~까지	7-2	
16	(이)나[선택]	8-1	
17	에게서	8-3	
18	만	8-4	
19	보다[비교]	9-3	
20	부터	2-3	
21	(으)로[선택]	5-1	
22	(이)나[확대]	5-2	
23	에다가	8-1	
24	밖에	9-1	2
25	의	9-2	
26	만큼	9-3	
27	처럼	10-2	
28	(이)라든가	3-3	3
29	(이)라도[차선택]	6-1	
30	따라	7-1	
31	대로	8-2	4
32	(이)라야	10-2	
33	는커녕	3-2	5
34	(으)로써	10-2	

④교재 내 문법 항목으로 제시된 단일 조사도 앞서 분석한 ㉮교재 내 단일 조사 노출 항목과 똑같이 34개이다. ④교재 초급에서 27개, 중급에서 5개, 고급에서는 2개 단일 조사가 제시되었다.

다음 <표 3-8>은 ④교재의 단계별 조사 결합 노출 현황을 정리한 표이다.

〈표 3-8〉 ④교재 내 조사 결합 노출 현황

	조사 결합 항목	1권	2권	3권	4권	5권	6권
1	과는	.	1	2	9	16	8
2	과도	.	.	.	1	.	1
3	과의	.	1	7	14	8	12
4	까지는	1	2	1	4	20	5
5	까지도	.	.	.	2	5	3
6	까지를	.	.	.	1	2	.
7	까지만	.	.	3	2	1	.
8	까지의	.	1	.	1	2	9
9	께는	.	1	.	2	.	1
10	께도	.	1	1	.	.	1
11	께만	.	1	.	.	.	.
12	께서는	1	2	4	.	.	5
13	께서도	.	.	.	.	.	1
14	대로만	.	.	1	.	.	.
15	로까지	.	.	.	1	.	3
16	로는	.	1	8	41	17	32
17	로도	.	1	2	10	6	4
18	로만	.	3	2	3	4	.
19	로부터	.	.	1	2	11	20
20	로서는	.	.	.	1	.	2
21	로서도	.	.	1	.	.	1
22	로서의	.	.	.	2	.	12
23	로의	.	.	.	3	.	2

	조사 결합 항목	1권	2권	3권	4권	5권	6권
24	마저도	.	.	.	.	1	.
25	만으로	.	.	.	2	3	1
26	만으로는	.	.	.	9	1	2
27	만으로도	.	.	1	.	1	1
28	만은	.	.	1	2	1	3
29	만을	1	.	.	8	7	10
30	만의	.	1	.	3	6	6
31	만이	.	.	.	4	4	10
32	만이라도	.	.	.	1	2	.
33	만큼은	.	.	.	1	.	.
34	만큼의	.	.	.	1	1	.
35	만큼이라도	.	.	.	.	.	1
36	밖에는	.	.	.	.	1	.
37	보다는	.	2	8	19	36	18
38	보다도	.	.	4	5	8	6
39	부터는	1	.	5	9	8	4
40	부터라도	.	.	.	.	1	1
41	뿐만	.	.	4	7	6	3
42	뿐만이	.	.	.	.	.	3
43	서나	.	.	.	2	.	.
44	에게나	.	.	.	.	.	2
45	에게는	.	3	6	8	10	11
46	에게도	.	2	2	1	5	8
47	에게만	.	.	.	1	.	.
48	에게만은	1	.	.	.	.	.
49	에겐	.	.	.	1	3	.
50	에까지	.	.	.	2	.	2
51	에까지도	.	.	.	.	.	1
52	에나	.	1	.	.	1	.
53	에는	69	88	89	270	113	124
54	에도	1	13	23	41	53	39
55	에만	.	2	1	9	5	7
56	에서까지	.	.	.	1	.	.

	조사 결합 항목	1권	2권	3권	4권	5권	6권
57	에서까지도	.	.	.	.	.	1
58	에서나	.	.	1	.	1	2
59	에서나마	.	.	.	.	1	.
60	에서는	7	22	32	76	69	80
61	에서도	2	.	12	14	11	21
62	에서든	.	.	.	.	.	1
63	에서만	.	.	1	2	1	3
64	에서만은	.	.	.	.	1	.
65	에서부터	.	.	1	1	2	2
66	에서의	.	2	2	8	10	19
67	에선	.	.	.	1	3	.
68	에야	.	.	.	.	2	13
69	에야말로	.	.	.	.	1	2
70	에의	.	.	.	.	.	1
71	엔	.	.	3	6	9	23
72	하고는	.	.	.	.	.	2
73	한테는	.	.	3	3	2	1
74	한테도	.	.	.	.	.	1

ⓓ교재도 고급으로 갈수록 조사 결합 노출 빈도가 대체로 높아지고 있다. 특히 조사 결합 항목의 비율이 고급인 6권이 아닌 중급인 4권에서 가장 높게 나타났다. 이는 ⓓ교재 이외의 다른 교재가 고급에서 조사 결합 빈도가 가장 높게 나타난 것과는 다른 결과이다. 사용된 조사 결합 항목으로는 역시 '에도, 에서는, 에는'이 전체 조사 결합 항목의 절반 이상을 차지하고 있다.

조사 결합 노출 항목이 74개이고 초급에서 고급에 이르기까지 다양하게 나타나고 있으나, 조사 결합 교육은 두 항목밖에 이루어지지 않고 있다. ⓓ교재에서 나타나는 조사 결합 축약형으로는 '서나, 에겐,

에선, 엔'이고 빈도는 아주 낮다. 또한 조사 세 개 이상이 결합된 조사 결합 항목으로는 '만으로는, 만으로도, 뿐만이, 에게만은, 에서까지, 에서까지도, 에서만은'이 있다.

다음 ㉲교재는 '이화 한국어 1'부터 '이화 한국어6'까지 총 9권으로 구성되어 있다. ㉲교재 내 급별 문법 항목에 제시된 단일 조사 항목을 살펴보면 다음과 같다.

〈표 3-9〉 ㉲교재 내 급별 문법 항목에 제시된 단일 조사

	문법 항목	단원	권
1	은/는[주제]	2	
2	이/가	3	
3	에[방향]	3	
4	에[위치]	4	
5	하고	4	
6	와/과	4	
7	(으)로[방향]	4	
8	에[시간]	5	
9	부터 ~까지	5	1
10	에서[장소]	6	
11	도	6	
12	은/는[대조]	7	
13	만	7	
14	에게/한테	8	
15	보다	8	
16	의	9	
17	(으)로[수단]	11	
18	(이)나	3	
19	처럼	8	
20	마다	8	2
21	(이)나	9	
22	밖에	9	

	문법 항목	단원	권
23	(이)든지	4	
24	만큼	5	3
25	(이)라도	7	
26	조차	10	4
27	(이)야말로	7	
28	(이)나마	7	5

　문법 항목에서 조사는 총 28개가 제시되고 있고 초급 22개, 중급 4개, 고급 2개 제시된다. 앞서 제시한 ㉮ 교재와 ㉯ 교재보다는 적게 나타났다.

　㉰교재에 노출된 조사 결합 항목으로는 다음 <표 3-10>과 같으며, 다른 교재와 마찬가지로 '에도, 에서는, 에는'이 전체 조사 결합 항목 노출 항목 수의 절반 이상이나 차지하고 있다.

〈표 3-10〉 ㉰교재 내 조사 결합 노출 현황

	조사 결합 항목	1권	2권	3권	4권	5권	6권
1	과는	.	.	3	10	2	4
2	과도	.	.	.	2	2	
3	과의	.	3	5	11	2	2
4	까지나	.	.	1	.	.	.
5	까지는	2	2		4	1	1
6	까지도	.	.	1	1	4	1
7	까지를	1	.	.	1	.	.
8	까지만	.	.	.	1	.	.
9	까지의	3	.	1	.	.	.
10	께는	.	.	1	.	.	.
11	께도	.	.	.	.	.	1
12	께서는	.	1	5	2	1	2
13	께서도	.	1	2	.	.	.

	조사 결합 항목	1권	2권	3권	4권	5권	6권
14	랑은	.	.	1	.	.	.
15	로는	.	3	5	20	4	5
16	로도	1	2	10	5	3	7
17	로라도	.	.	.	.	1	.
18	로만	.	6	1	3	3	2
19	로부터	1	1	3	.	8	5
20	로서의	.	.	.	1	.	2
21	로의	2	.	2	1	10	3
22	마다의	.	.	.	.	.	1
23	만으로	.	.	.	.	1	3
24	만으로는	.	.	.	1	1	.
25	만으로도	.	.	3	1	.	.
26	만으로만	.	.	.	.	1	.
27	만은	.	.	.	.	1	2
28	만을	.	1	1	3	.	4
29	만의	.	2	2	5	7	2
30	만이	.	.	1	1	4	3
31	만이라도	.	.	.	.	1	.
32	만큼만	.	.	1	.	.	1
33	보다는	.	1	5	9	7	13
34	보다도	.	.	2	2	3	.
35	보다야	.	.	.	.	.	1
36	부터는	2	1	2	.	2	1
37	부터라도	.	.	1	1	1	.
38	뿐만	.	.	4	2	5	3
39	뿐만이	.	.	.	.	.	1
40	서나	.	.	.	.	1	.
41	서는	.	1	.	.	.	.
42	서도	.	.	.	.	.	2
43	서든지	1	.	.	.	.	.
44	에게나	.	.	.	.	1	2
45	에게는	.	.	6	4	5	2
46	에게도	.	3	2	9	2	4

	조사 결합 항목	1권	2권	3권	4권	5권	6권
47	에게든지	.	.	1	1	.	.
48	에게로	1	.	2	2	1	.
49	에게만	.	1	.	1	.	.
50	에까지	.	.	.	.	1	.
51	에나	.	.	1	1	1	.
52	에는	35	78	84	86	90	57
53	에다	.	.	2	.	.	.
54	에도	7	20	29	29	26	25
55	에라도	.	.	1	.	.	.
56	에만	.	5	1	3	3	4
57	에서나	.	.	1	1	1	.
58	에서는	7	16	32	37	27	32
59	에서도	4	8	13	9	11	7
60	에서든지	.	.	2	.	.	1
61	에서만	.	5	.	2	2	2
62	에서부터	.	.	.	1	1	.
63	에서뿐만	1	.	.	.	.	1
64	에서야	.	.	.	.	1	.
65	에서의	2	.	3	2	2	2
66	에서조차	.	.	.	.	.	.
67	에서처럼	.	.	1	.	.	.
68	에선	.	.	.	.	.	2
69	에야	.	.	.	.	2	4
70	엔	.	.	2	.	.	1
71	조차도	.	.	.	.	1	.
72	한테는	.	1	.	.	1	1
73	한테도	.	.	2	.	1	1

㉑교재의 조사 결합 노출 항목은 총 73개이고 초급에서 고급까지 다양하게 나타나고 있으나 다른 교재에 비해 조사 결합이 적게 나타 났다. 빈도가 낮으나 ㉑교재에서 나타나는 조사 결합 축약형으로는

'서나, 서는, 서도, 서든지, 에선, 엔'이 있으며 ㉮교재와 ㉯교재보다 축약형의 노출 빈도가 높다. 그리고 조사 세 개 이상이 결합된 조사 결합 항목으로는 '만으로는, 만으로도, 만으로만, 뿐만이'가 있다. 이 교재에서는 조사 '의, 로서, 뿐'이 문법 항목으로 나타나지 않기 때문에 이 단일 조사들은 문법 항목으로 학습되지 않는다. 따라서 '에서의, 과의, 만의, 까지의, 로서의, 마다의'는 단일 조사의 선행 학습이 이루어지지 않은 채 조사 결합 형태가 노출되고 있다는 점을 알 수 있다.

마지막으로 분석한 한국 출판 교재는 ㉰교재이다. ㉰교재는 '서울대 한국어 1'부터 '서울대 한국어 6'까지 총 6권으로 구성되어 있다. ㉰교재 내 급별 문법 항목으로 제시된 단일 조사를 정리하면 아래 <표 3-11>과 같다.

〈표 3-11〉 ㉰교재 내 급별 문법 항목에 제시된 단일 조사

	문법 항목	단원	권
1	은/는[주제]	1	1
2	이/가	1	
3	하고	2	
4	와/과	2	
5	을/를	3	
6	에서[장소]	3	
7	에	4	
8	에[시간]	5	
9	도	6	
10	의	9	
11	부터 ~까지	10	
12	만	11	
13	에서 ~까지	13	
14	(으)로[방향]	13	
15	한테/께	14	

	문법 항목	단원	권
16	(이)나[선택]	1	
17	보다	4	
18	(으)로[수단]	6	
19	밖에	9	2
20	마다	11	
21	처럼(같이)	12	
22	(이)나[강조]	18	
23	(이)나[차선택]	2	3
24	(이)라도	5	
25	마저	12	4
26	(으)로서	15	
27	(이)나마	2	5
28	(이)라고는	13	
29	더러	12	6

문법 항목에서 조사는 총 29개가 제시되고 있고 초급에서 22개,
중급에서 4개, 고급에서 3개가 제시된다. ㉘교재에서는 '(이)라고는,
더러' 등 다른 교재에서 출현되지 않은 단일 조사가 문법 항목으로
제시되었다.

㉘교재 내 조사 결합 노출 현황을 정리한 표를 제시하면 아래와
같다.

〈표 3-12〉 ㉘교재 내 조사 결합 노출 현황

	조사 결합 항목	1권	2권	3권	4권	5권	6권
1	과는	.	.	.	3	11	6
2	과도	.	.	.	1	2	5
3	과의	.	.	2	2	8	11
4	까지나	.	.	.	.	1	.
5	까지는	.	.	1	1	4	3

	조사 결합 항목	1권	2권	3권	4권	5권	6권
6	까지도	.	.	1	.	3	2
7	까지로	.	.	.	.	1	.
8	까지를	.	.	.	.	3	.
9	까지만	.	1	.	.	1	2
10	까지야	.	.	.	.	.	1
11	까지에는	.	.	.	.	.	1
12	까지의	.	.	.	1	2	3
13	께는	.	.	.	1	.	.
14	께도	.	1	1	.	.	.
15	께서는	.	.	.	.	6	3
16	께서도	.	.	.	1	.	.
17	라고는	.	.	.	.	3	2
18	라고만	.	.	1	.	1	
19	로는	.	1	.	5	9	21
20	로도	.	.	1	1	5	7
21	로라도	.	.	.	.	.	1
22	로만	.	.	2	1	5	6
23	로부터	.	.	.	8	9	24
24	로부터의	.	.	.	.	1	.
25	로서는	.	.	.	.	3	.
26	로서도	.	.	.	.	1	.
27	로서의	.	.	.	.	1	4
28	로의	.	.	.	.	4	4
29	마다의	.	.	.	.	1	.
30	만으로	.	.	.	.	1	.
31	만으로도	.	.	.	.	1	.
32	만은	.	.	.	1	1	.
33	만을	.	.	.	.	2	10
34	만의	.	.	2	1	2	1
35	만이	.	.	.	.	2	1
36	만큼은	.	.	.	.	.	1
37	만큼의	.	.	.	.	.	1
38	보다는	.	.	3	7	8	20

	조사 결합 항목	1권	2권	3권	4권	5권	6권
39	보다도	.	.	.	1	4	6
40	부터가	.	.	.	.	1	.
41	부터는	.	.	4	1	4	3
42	부터라도	.	.	.	.	.	1
43	뿐만	.	.	.	13	5	14
44	서나	.	.	.	1	.	.
45	서는	.	.	.	.	1	1
46	서만	.	.	.	.	1	1
47	서부터	.	.	.	.	1	.
48	에게나	.	.	1	.	3	.
49	에게는	.	1	2	6	10	10
50	에게도	.	.	1	2	2	6
51	에게로	.	.	.	.	1	1
52	에게만	.	.	.	.	.	1
53	에게의	.	.	.	.	2	.
54	에겐	.	.	.	1	.	1
55	에까지	.	.	1	.	2	
56	에나	.	.	.	.	1	1
57	에는	26	38	67	86	165	183
58	에다	.	.	.	.	1	2
59	에도	7	7	20	21	23	56
60	에라도	.	.	.	.	.	1
61	에만	4	1	3	.	4	8
62	에서까지	.	.	.	.	.	1
63	에서나	.	1	2	1	2	.
64	에서는	16	22	30	37	67	125
65	에서도	.	1	2	5	13	26
66	에서든지	.	.	.	1	.	.
67	에서라도	.	.	.	.	1	.
68	에서만	.	.	.	2	1	2
69	에서부터	.	.	.	.	1	1
70	에서의	.	.	.	4	.	6
71	에야	.	.	.	.	5	2

	조사 결합 항목	1권	2권	3권	4권	5권	6권
72	엔	.	.	5	2	2	9
73	하고나	.	.	2	.	.	.
74	하고도	.	.	1	.	.	.
75	한테나	.	.	.	.	.	.
76	한테는	.	.	.	2	5	.
77	한테도	.	.	1	.	1	.

㉣교재도 ㉯교재와 마찬가지로 고급으로 갈수록 노출 빈도와 비율이 대체로 높아지고 있으며, 조사 결합 노출 항목수가 77회로 다른 교재들에 비해 가장 많았다. 조사 결합 축약형으로는 '서나, 서는, 서만, 서부터, 에겐, 엔'이 있다. 그중 '엔'의 노출 빈도가 다른 교재에 비해서 높다. 그리고 노출 빈도가 낮으나 세 개 이상의 조사 결합이 '까지에는, 로부터는, 만으로도'가 있다.

이어서 중국 출판 한국어 교재 내 문법 항목으로 제시된 단일 조사를 살펴보고자 한다. 본 연구에서 분석 대상으로 삼는 교재는 현재 중국 내에서 가장 많이 사용되는 교재로서 전영근 등이 편찬하고 광동인민출판사에서 출판한 <한국어 교정>과 외국어 교학 및 연구 출판사에서 출판한 <신세기 한국어 정독 교정>이다.7) ㉰교재 내에 문법 항목으로 나타난 단일 조사를 표로 제시하면 다음과 같다.

---

7) <한국어 교정>은 교육부에서 첫 특색전공 개설을 위한 시리즈 교재로서 온·오프라인 혼합식 교재이다. <신세기 한국어 정독 교정>은 출판 후 한국어 학과 선생님과 학생들의 호평을 받았고 여러 차례 재판되어 한국어 교재에서 최고 인기 있는 교재로 급부상한 교재이다. 본고에서는 <한국어 교정>을 ㉰ 교재로, <신세기 한국어 정독 교정>을 ㉱ 교재로 명명하여 사용하고자 한다.

<표 3-13> ㉎교재 내 급별 문법 항목에 제시된 단일 조사

	문법 항목	과	권
1	은/는[주제]	15	
2	이/가	15	
3	을/를	15	
4	와/과	15	
5	은/는[강조]	16	
6	의	16	
7	도	16	
8	에	17	
9	에서[장소]	17	
10	부터 ~까지	17	
11	(으)로[방향]	20	초급-상
12	에게/께	20	
13	(으)로[수단]	21	
14	보다	21	
15	(이)나[선택]	22	
16	처럼	23	
17	마다	24	
18	만	25	
19	한테	26	
20	까지[포함]	26	
21	(이)나[차선택]	27	
22	만큼	28	
23	(이)든지	28	
24	부터	1	
25	(으)로[순서]	5	
26	에서[범위]	5	초급-하
27	(으)로[자격]	5	
28	(이)랑	7	

	문법 항목	과	권
29	(으)로[원인]	7	
30	에[기준]	7	
31	에	8	
32	에게서	9	
33	(이)라도	10	
34	(으)로서	12	
35	(이)야말로	4	
36	마저	5	중급-상
37	(이)라도	6	
38	(이)라야	2	중급-하
39	(이)라고는	15	

문법 항목에서 단일 조사는 총 39개가 제시되고 있다. 초급 상, 하에서는 34개, 중급 상, 하에서는 5개 제시되고 있다. 중급에서보다 초급에서 많이 제시되었다는 특징이 있다.

㉮교재 내 조사 결합 노출 현황을 정리한 표는 다음과 같다.

〈표 3-14〉 ㉮교재 내 조사 결합 노출 현황

	조사 결합 항목	초급 상	초급 하	중급 상	중급 하		조사 결합 항목	초급 상	초급 하	중급 상	중급 하
1	과는			6	10	35	부터는		7	4	
2	과도		3	1	2	36	부터라도				1
3	과의			4	3	37	뿐만		11	3	5
4	까지가				3	38	에게나			2	1
5	까지나			1		39	에게는	1	7	8	3
6	까지는	4	1	2	1	40	에게도		2	1	4
7	까지도		6	2	3	41	에게로				2

	조사 결합 항목	초급 상	초급 하	중급 상	중급 하		조사 결합 항목	초급 상	초급 하	중급 상	중급 하
8	까지든지			1		42	에게만			1	
9	까지만	3		2	7	43	에게만은			1	
10	까지의			1		44	에겐				2
11	께는			1		45	에까지				3
12	께서는	1	2		2	46	에는	55	75	63	67
13	께서도		2			47	에다	6		2	1
14	로는	9	6	2	7	48	에도	5	22	14	27
15	로도		3	3	1	49	에라도			1	1
16	로만	1		1	7	50	에만		2	2	1
17	로부터		1	4	7	51	에서나		1		1
18	로서가			1		52	에서는	15	31	12	32
19	로서의				9	53	에서도	1	3	2	14
20	로써만		1			54	에서든				1
21	로의			1		55	에서라도				1
22	만으로		1	1	3	56	에서만		1	1	
23	만으로는		1			57	에서만도				6
24	만으로도			2		58	에서부터				1
25	만은			8	8	59	에서와				1
26	만을			4	1	60	에서의				1
27	만의			2	3	61	에선			1	
28	만이			2	10	62	에야			5	6
29	만이라도		2			63	엔		3	4	5
30	만큼만				2	64	하고는		1		
31	만큼의				1	65	하고도		1		
32	만큼이나			2		66	한테는				3
33	보다는		2	13	13	67	한테라도				1
34	보다도		2	2		68	한테만			1	1

⑪교재 내 노출된 조사 결합 항목은 총 68개로 한국 통합 교재보다는 적게 노출되었으나 조사 결합이 문법 항목으로 제시되었다. 이는 중국 출판 한국어 교재에서는 조사 결합 교육을 어느 정도 진행하고

있다는 것을 알 수 있다.

⑭교재의 문법 항목으로 제시된 단일 조사를 정리하면 다음과 같다.

〈표 3-15〉 ⑭교재 내 급별 문법 항목에 제시된 단일 조사

	문법 항목	과	권
1	은/는[주제]	12	
2	의	12	
3	도	12	
4	에[방향]	13	
5	이/가	13	
6	(으)로[방향]	13	
7	에서[장소]	14	
8	와/과	14	
9	부터 ~까지	14	
10	에[시간]	14	
11	에서 ~까지	14	
12	을/를	14	
13	께서	15	
14	보다	15	초급-상
15	은/는[강조]	15	
16	(이)나[차선택]	17	
17	(이)나[선택]	19	
18	에게	21	
19	(이)나[강조]	21	
20	부터	21	
21	에[기준]	21	
22	에다가	22	
23	(으)로[수단]	22	
24	만	22	
25	하고	22	
26	께	22	
27	(이)든지	24	
28	(으)로[변화]	24	

	문법 항목	과	권
29	에게서	24	
30	까지	1	초급-하
31	(으)로[자격]	5	
32	처럼	5	
33	(으)로[원인]	6	
34	만큼	9	
35	밖에	12	
36	(이)나[포함]	7	중급-상
37	에[원인]	7	
38	(이)랑	9	
39	(으)로서	13	
40	조차	4	중급-하
41	까지	4	
42	같이	5	

문법 항목에서 조사는 총 42개가 제시되고 있고 초급에서 35개, 중급에서 7개 제시된다. ㉑교재 내의 단일 조사는 앞서 정리한 교재에서보다 많이 제시되었다. 한국 국내 출판 교재에는 단일 조사 문법 항목이 많게는 34개, 적게는 29개 제시되고 있으나 중국 출판 한국어 교재는 35개 이상 제시되고 있다. 이는 한국 교재와의 차이점이라고 할 수 있다.[8]

㉑교재 내 조사 결합 노출 현황을 정리하면 다음 <표 3-16>에서와 같다. 본 교재에 노출된 조사 결합 항목은 총 57개로 제일 낮은 비율을 차지하고 있다. 한국어 교재에 비해 축약형이 거의 없으며 두 개 이상 결합한 형태도 단 두 개밖에 없는 것으로 나타났다.

---

8) 중국 대학교의 한국어학과에서는 1학년 때 초급을 배우고 2학년 때 중급을 공부하고 3학년 때는 교환으로 1년을 한국 대학교에 가서 공부하게 된다. 때문에 중국 출판 교재는 대부분 중급까지밖에 없다.

<표 3-16> ㉺교재 내 조사 결합 노출 현황

	조사 결합 항목	초급 상	초급 하	중급 상	중급 하		조사 결합 항목	초급 상	초급 하	중급 상	중급 하
1	과는		2	10	10	30	에게는		6	5	3
2	과도		1	1	2	31	에게도			1	4
3	과의		1		3	32	에게로			1	2
4	까지가				3	33	에게만큼은			1	
5	까지는		2	2	1	34	에겐			1	2
6	까지도		1	1	3	35	에까지			1	3
7	까지만			2	7	36	에는	32	30	81	67
8	까진			1		37	에다				1
9	께서는	7	2		2	38	에도	9	13	11	27
10	께서도	1		1		39	에라도			1	1
11	로는		1	12	7	40	에만		1	2	1
12	로도	1	1	2	1	41	에서나		1		1
13	로만			1	7	42	에서는	1	12	32	32
14	로부터			13	7	43	에서도	1	5	3	14
15	로서의				9	44	에서든		1	1	1
16	만으로				3	45	에서라도				1
17	만은				8	46	에서만	1			
18	만을				1	47	에서만도				1
19	만의			2	3	48	에서부터		1	3	1
20	만이				10	49	에서와				1
21	만큼만				2	50	에서의			1	1
22	만큼은			8		51	에선			2	
23	만큼의				1	52	에야				6
24	보다는			1	13	53	엔		1	1	5
25	보다도			1		54	한테는			4	2
26	부터는			3		55	한테도		1		
27	부터라도				1	56	한테라도				1
28	뿐만		1	2	5	57	한테만			1	1
29	에게나				1						

이어서 국제통용 한국어 표준 교육 모형(4단계)의 등급별 조사 및 조사 결합 목록을 다음과 같이 제시하고자 한다.

〈표 3-17〉 국제통용 한국어 표준 교육 모형(4단계)의 등급별 조사 목록

	등급	조사
1	1급	이/가
2	1급	와/과
3	1급	까지
4	1급	께서
5	1급	은/는1
6	1급	도
7	1급	을/를1
8	1급	으로/로
9	1급	부터
10	1급	에
11	1급	에게
12	1급	에서
13	1급	의
14	1급	하고
15	1급	만
16	1급	한테
17	1급	보다
18	2급	께
19	2급	마다
20	2급	밖에
21	2급	처럼
22	2급	에서부터(서부터)
23	2급	에다가
24	2급	에게로
8	2급	에게서
9	2급	한테서
10	2급	이나
11	3급	같이

	등급	조사
12	3급	대로
13	3급	으로부터/로부터
14	3급	만큼
15	3급	보고
16	3급	뿐
17	3급	이라고
18	4급	커녕
19	4급	나마/이나마
20	4급	든/이든
21	4급	란/이란
22	4급	면/이면
23	4급	야/이야
24	4급	치고
25	4급	까지2
26	4급	라도/이라도
27	4급	로서/으로서
28	4급	로써/으로써
29	4급	마저

　　국제통용 한국어 표준 교육 모형(4단계)에서는 <표 3-17>에서와 같이 조사를 분류하였고 조사 결합만 살펴보면 총 4개로 구성하였으며 그 예로는 '에서부터(서부터), 에다가, 에게로, 으로부터'이다. 국제통용한국어표준교육모형에서도 2급 또는 3급에서 조사 결합을 가르쳐야 한다고 나와 있으나 실제 교재에서는 이러한 조사 결합이 문법 항목으로 제시되지 않고 있다.

　　지금까지 한국 국내 한국어 교재와 중국 출판 한국어 교재 내의 조사 결합 노출 현황을 살펴보았고 국제통용 한국어 표준 교육 모형(4단계)의 등급별 조사 목록을 정리해 보았다. 한국과 중국의 교재에서 공통적으로 조사 결합이 듣기나 읽기 지문에서 상당히 노출되고 있었으나, 조사 결합의 명시적인 설명은 상대적으로 부족했다. 중국인 KFL 학습자들은 교재를 통하여 한국어의 모든 내용을 학습하기 때문에 중국 출판 한국어 교재는 조사 결합을 포함한 모든 내용을 좀 더 체계적으로 설계하고 학생들 스스로의 학습에 더욱 도움을 줄 수 있는 교재여야 한다.

3. 한국어 교사의 조사 결합 교육 양상 조사

앞서 중국인 KFL 학습자의 한국어 조사 결합 오류를 분석하기 위해 조사 결합에 대한 인식 및 사용 양상 조사를 실시하였다. 그리고 한국어 조사 결합의 오류 분석 원인을 파악하기 위해 중국인 KFL 학습자들이 주로 사용하는 중국 출판 한국어 교재와 한국 통합교재를 분석하였다.

이에 본 절에서는 중국인 KFL 학습자의 한국어 조사 결합 오류 원인을 다각도로 파악하기 위해 교사를 대상으로 한국어 조사 결합의 양상에 대한 조사를 하려고 한다. 외국에서 한국어를 가르치는 한국어 교사여도 원어민 화자가 아니기 때문에 한국어 표현에서 오류가 나타날 수 있다. 그리고 중국인 KFL 학습자들은 한국어에 관한 모든 내용을 교사와 교재를 통해 학습한다고 해도 과언이 아니다. 그러므로 한국어 교재뿐만 아니라 중국 현지 비원어민 한국어 교사들의 조사 결합 교육 양상에 대해서도 조사를 해 볼 필요가 있다.

그동안의 한국어 비원어민 교사 관련 연구를 살펴보면 비원어민 교사의 발화 대조 연구, 문화 교수 효능감 제고 방안 연구, 교수 불안 연구 등이 있었으나 비원어민 한국어 교사를 대상으로 조사 결합의 양상 조사에 관한 연구는 없었다. 따라서 본 연구에서는 비원어민 한국어 교사를 대상으로 한국어 수업에서 조사 결합 교육을 하는지, 조사 결합의 순서나 규칙에 대해 어느 정도 알고 있는지, 한국어 교육에서 조사 결합 교육을 중요하게 생각하는지 등 한국어 조사 결합 관련 내용들을 조사하려고 한다.

비원어민 한국어 교사의 조사 결합 교육 양상 조사는 우선 G대학의 교수 2명과 전화 인터뷰로 한국어 조사 결합에 대한 인식 및 교육 방법 등에 대해 질문하였다. 그 답변들을 참고하여 열린 질문을 구성하여 교수 경력이 10년 이상인 G대학 전임교원 3명을 대상으로 예비조사를 진행하였다.[9] 3명의 전임교원이 예비조사에서 적은 답변을 바탕으로 객관식 문제로 재구성하여 본조사를 실시하고자 한다. 예비조사의 열린 질문은 아래와 같다.

〈표 3-18〉 한국어 교사의 조사 결합 교육 양상 예비조사지

1. 한국어 교육에서 조사 결합 교육이 중요하다고 생각하십니까? 그 이유는 무엇입니까?   _____ _____ _____   2. 한국어 교육 현장에서 조사 결합을 가르치신 적이 있습니까? (　　) 　① 네　　　　　② 아니오

---

9) 예비조사를 진행한 G대학은 각각 광동외어외무대학교와 광동외어외무대학교남국상학원 두 대학이다.

3. 한국어 조사 결합은 주로 어떻게 가르치십니까?

_____

_____

_____

4. 한국어 조사 결합을 많이 안 가르친다면 그 이유는 무엇입니까?

_____

_____

_____

5. 한국어 조사 결합 교육이 필요하다고 생각하십니까? 그 이유는 무 엇입니까?

_____

_____

_____

6. 조사가 어떤 방식으로 결합하는지, 어떤 조사들끼리 결합하는지에 대해서 어느 정도 알고 있습니까?

_____

_____

_____

7. 한국어 조사 결합 교육을 위해서 선생님들에게 제공되었으면 하는 것은 무엇입니까?

   1) 조사 결합에 대해 잘 설명된 교재 및 지침서

   2) 교사를 대상으로 하는 전문 훈련프로그램 및 연수

   3) 한국어 교사들의 정기적인 워크숍/세미나

   4) 기타_____

<표 3-18>에서와 같이 한국어 교사의 조사 결합 교육 양상에 관한 설문은 한국어 교육에서 조사 결합 교육의 중요성, 한국어 조사 결합을 수업 시간에 가르친다면 주로 어떻게 가르치는지 교육 방법 그리고 한국어 조사 결합에 관해 가르치지 않는다면 별도로 가르치지 않는 이유에 대해서도 구체적으로 적어 달라고 하였다. 또한 한국어 조사 결합 교육이 필요한지, 필요하다면 그 이유는 무엇인지, 한국어 조사 결합의 순서 및 규칙에 대해 어느 정도 알고 있는지 알아보기 위한 질문들이었다. 한국어를 가르치는 교사들은 한국어 조사 결합이 어떤 방식으로 결합을 하고 어떤 조사들끼리 결합을 하는지는 반드시 알아야 하기 때문이다. 그리고 마지막으로 한국어 조사 결합 교육을 위해서 한국어 교사들에게 제공되었으면 하는 것이 무엇인지도 질문하였다.

예비조사 결과 전임교원 3명 모두 성실히 구체적으로 답변을 해 주었으며 한국어 교사라고 하더라도 조사 결합 형태를 명확하게 설명하지 않고 바로 '조사 결합'이라고 하면 모를 수 있기 때문에 한국어 조사 결합 형태가 들어간 문장을 만들어서 조사 결합을 제시하라는 의견이 있었다. 따라서 그 결과지를 토대로 한국어 조사 결합 교육 양상에 관한 설문지를 객관식으로 재구성하여 본조사를 진행하고자 한다. 본조사에서는 아래와 같은 설문 내용으로 조사를 하려고 한다.

<표 3-19> 한국어 교사의 조사 결합 교육 양상에 관한 설문 내용

번호	설문 내용
1	한국어 조사 결합의 중요성
2	한국어 교육 현장에서 조사 결합 교육 여부
3	한국어 조사 결합 교육 방법
4	조사 결합 교육 미 진행 원인
5	한국어 조사 결합 교육의 필요성
6	한국어 조사 결합 규칙
7	한국어 조사 결합 교육을 위해 필요한 것(교재, 연수 프로그램 등)

<표 3-19>에서 알 수 있듯이 설문조사는 인적사항 외에 8문제로 구성되었다. 그 중 1번과 2번은 한국어 교육에서의 조사 결합의 중요성에 관한 문제였고 3번과 4번은 조사 결합 교육 여부 그리고 교육을 한다면 어떠한 방법으로 교육하는지에 관한 질문이었다. 5번은 한국어 조사 결합을 별도로 가르치지 않는 이유에 관한 질문이었다. 그리고 6번은 조사 결합의 기본적인 결합 규칙에 대한 질문이었으며 7번과 8번은 조사 결합 교육의 방향과 조사 결합 교육을 위해서 선생님들에게 필요한 것이 무엇인지에 관한 질문이었다.

교사 대상 설문조사는 중국에 있는 한국어 교육 전공 교수들이 가입한 커뮤니티(위챗)에 의뢰하여 진행하였다. 설문에 참여한 비원어민 교사들의 표본 특성을 아래 표와 같이 정리할 수 있다.

<표 3-20> 설문 조사 대상 및 기간

조사	내용
조사 대상	중국 현지 비원어민 교사 27명 (중국 한국어교육 전공 교수)
조사 기간	2021년 5월 3일 ~ 2021년 5월 6일

중국에 있는 한국어교육 전공 교수님들이 가입한 커뮤니티(위챗)에 본 설문을 의뢰하였으며 27명의 전임교원이 응답했다. 이들은 최소 3년 이상 교수 경력을 가지고 있다. 설문지를 구성하기 전에 10년 이상 교수 경력을 지닌 전임교원 3명에게 예비조사를 진행하였다. 예비조사는 더 상세하고 구체적인 답변을 얻기 위해 주관식으로 하였고 주관식 의견을 토대로 객관식 설문 조사지를 재편집하였다. 또한 예비조사 결과 한국어 교육 현장에서 한국어를 가르치는 교사라고 하더라고 '조사 결합'이라는 용어를 인지하지 못할 수 있기 때문에 예문을 제시하라는 의견을 받았다. 따라서 설문 조사지를 구성할 때 한국어 교재에 등장하는 조사 결합에 관한 예문을 추가하였다.

설문조사 결과 한국어 교사의 성별 중 여성이 70.37%로 남성 29.63%보다 많은 수치이다. 이는 외국어를 학습하는 학습자들이 여성이 많은 것과 같이 한국어 교사도 여성이 남성보다 많다. 한국어 교수 경력은 11년에서 20년이 된 선생님들이 가장 많았으며 51.85% 과반수 이상 차지하였다. 다음으로 10년 미만인 선생님으로 전체의 40.74%를 차지하였으며 20년 이상 된 한국어 선생님 2명도 설문에 참여하였다. 한국어 교수 경력이 길수록 조사 결합의 규칙이나 용법에 대해 잘 인지하고 있고 조사 결합에 관한 강의도 더 체계적으로 할 것이라고 판단을 하고 본 설문조사를 진행하였다.

위와 같이 한국어 비원어민 교사를 대상으로 조사 결합 교육 양상에 관한 설문을 진행하고자 하는 목적은 중국인 KFL 학습자의 한국어 조사 결합의 오류 원인을 다각도로 파악하기 위해서이다. 따라서 본고에서는 중국인 KFL 학습자의 조사 결합 오류와 한국어 교재의 조사 결합 노출 빈도, 그리고 국제통용한국어표준교육모형(4단계)의 조사 및 조사 결합 등급 목록을 바탕으로 조사 결합 교육 순서를 정하고 그 순서에 따라 각 유형별로 대표적인 조사 결합을 선택하여 구체적인 조사 결합 교육 방안을 설계하고자 한다.

Ⅳ. 중국인 KFL 학습자의 조사 결합 교육 양상 및 현황

1. 중국인 KFL 학습자의 조사 결합 사용 양상 분석 결과

본고에서는 중국인 KFL 학습자들의 한국어 조사 결합에 대한 인식과 오류를 분석하여 중국인 KFL 학습자들에게 적합한 조사 결합 교육을 진행하고자 한다. 이를 위해 앞서 3.1장에서 중국인 KFL 학습자의 한국어 조사 결합 인식 조사와 한국어 조사 결합 사용 양상 조사를 실시하였다. 본 절에서는 앞서 진행한 중국인 KFL 학습자의 한국어 조사 결합 인식 조사와 사용 양상 조사 결과를 분석하여 정리하고자 한다.

외국인 학습자 특히 중국인 KFL 학습자들이 한국어를 학습하는 과정에서 다양한 오류를 범하게 된다. 이러한 오류를 그대로 두고 수정해 주지 않는다면 중국인 KFL 학습자들의 한국어 사용에 영향을 줄 뿐만 아니라 한국어를 정확하게 습득하는 데에도 큰 장애가 될 것이다. 중국인 KFL 학습자들이 범하는 많은 오류 중 연구자는 한국어 조사 결합의 오류에 대하여 연구를 진행하고자 한다.

중국인 KFL 학습자들의 한국어 조사 결합 오류를 범하는 원인을 다각도로 분석하고, 어떠한 오류를 많이 산출해 내는지를 알아보고 적절한 교육 방안을 제시한다면 한국어 조사 결합의 교육에 중요한 근거를 마련해 줄 것이다. 또한 한국어 교사들은 중국인 KFL 학습자의 조사 결합의 오류를 최소화할 수 있는 교수를 할 수 있을 것이다. 따라서 현재 중국 의 한국어 교육 현장에서 한국어 조사 결합 교육이 어느 정도로 진행되고 있고 구체적으로 어떻게 진행되고 있는지를 알아보기 위하여 중국인 KFL 학습자들의 한국어 조사 결합에 대한 인식을 조사하였다.

아울러 현재 중국 G대학 한국어과 학생들의 조사 결합에 대한 이해도를 파악하고, 현재 중국에서의 교재에서 조사 결합에 대한 설명, 교사의 조사 결합에 대한 교수 등에 대한 설문을 통하여 오류의 원인을 찾아내고자 한다. 설문조사는 한국어 조사 및 조사 결합에 대한 인식, 조사 결합 난이도 인식, 조사 결합 학습 방법, 조사 결합 사용 및 학습 만족도, 조사 결합 교육의 필요성, 현재 조사 결합에 대한 교수 만족도 등 7가지 부분으로 나누어 진행하였다.

가. 조사 및 조사 결합에 대한 인식

[문항1] 한국어 조사의 종류(유형)에 대해 어느 정도로 알고 있습니까?

① 전혀 모른다   <--------------->   ⑤ 아주 잘 안다

	①	②	③	④	⑤
응답자 수	0	8	46	26	2
비율	0%	9.41%	54.12%	34.12%	2.35%

학습자들이 조사가 그 기능에 따라 몇 가지로 나눌 수 있다는 사실을 알고 있는지 알아보기 위하여 진행한 설문이다. 설문에 참여한 학생들이 전부 한국어과 학생들이므로 '전혀 그렇지 않다'라고 답한 학생은 단 한 명도 없었다. 반면 '매우 그렇다'를 선택한 학생은 단 2명으로 2.35%밖에 없었다. 절반(54.12%)이 넘는 학생들이 '보통이다.'라고 답하였다. 이는 한국어를 전공하는 학생들임에도 불구하고 한국어에서 가장 핵심적이라고 할 수 있는 조사에 대한 습득이 제대로 되어 있지 않은 것으로 보인다. 참여자의 34.12%가 '조금 그렇다'라고 답하였다.

[문항2] 한국어 조사의 결합에 대해 어느 정도 알고 있습니까?

① 전혀 모른다   <--------------->   ⑤ 아주 잘 안다

〈표 4-2〉 '한국어 조사 결합에 대한 이해 정도' 응답 결과

	①	②	③	④	⑤
응답자 수	1	12	43	28	1
비율	1.18%	14.12%	50.59%	32.94%	1.18%

'2번 문항'은 한국어 조사 결합의 개념에 대해 알아보는 질문이다. 절반 정도의 학생들이 '보통이다'라고 답하였고 '조금 그렇다'라고

답한 학생이 32.94%, '매우 그렇다'라고 답한 학생은 한 명으로 전체의 1.18%를 차지하고 있다. 반면에 '전혀 그렇지 않다'를 선택한 학생도 한 명이다. 이어 '조금 그렇지 않다'를 선택한 학생은 전체의 14.12%를 차지하고 있다.

이는 현재 대다수 한국어 교재에서 '조사 결합'이라는 개념이 따로 나오지 않고 일부 조사 결합 형태만 문법·표현으로 나오고 일반적으로는 본문이나 예문, 연습에 같이 넣어서 강의를 진행하기 때문에 개념에 대하여 잘 모르는 부분에 대해서는 이해할 수 있다.

[문항3] 한국어 조사가 결합하는 순서에 대해 잘 알고 있습니까?
① 전혀 모른다   <---------------->   ⑤ 아주 잘 안다

〈표 4-3〉 '한국어 조사 결합 순서에 대한 이해 정도' 응답 결과

	①	②	③	④	⑤
응답자 수	5	17	26	34	3
비율	5.88%	20%	30.59%	40%	3.53%

'문항 3'은 한국어 조사 결합의 순서 즉 결합 규칙에 대해 알아보는 질문이다. 한국어 조사 결합 규칙에 관한 질문에서는 '조금 안다'라고 답한 학생이 전체의 40%를 차지하며 이는 한국어를 학습하면서 교재의 본문이나 예문에 출현된 것을 많이 접했기 때문이라고 할 수 있다. 그러나 '전혀 모른다', '조금 모른다'라고 답한 학생도 총 22명으로 적은 편은 아니다. 이는 한국어 교재의 본문이나 예문, 문법 설명에 조사 결합 형태가 나타났어도 교사가 따로 설명을 하지 않으면 학생

들은 조사의 결합 순서나 규칙에 대해 모를 수 있다. 그리고 조사 결합은 교재의 문법·표현으로 제시되지 않기 때문에 일부 교사들은 구체적으로 강의를 하지 않으므로 자주 노출되고 사용되는 조사 결합 외에는 조사의 결합 순서에 대해 모를 수 있다.

그러나 중국인 KFL 학습자들은 한국어를 전공 학생들이기 때문에 문법적인 내용까지 상세히 배우는 게 필요하므로 교재에서 이러한 개념 및 결합 규칙에 대해 더 중점적으로 다루어야 할 필요가 있다고 보인다.

나. 조사 결합의 난이도 인식

[문항4] 한국어 조사 결합이 어느 정도로 어렵다고 생각하십니까?

① 어렵지 않다 <----------------> ⑤ 매우 어렵다

〈표 4-4〉 '조사 결합 난이도 인식 정도' 응답 결과

	①	②	③	④	⑤
응답자 수	0	4	29	44	8
비율	0%	4.71%	34.12%	51.76%	9.45%

한국어 조사 결합이 어렵다고 생각하는지를 알아보기 위하여 설정한 [문항4]에서는 보다시피 '어렵지 않다'라고 대답한 학생은 단 한 명도 없었다. 다음으로 '조금 어렵다'고 대답한 학생은 51.76%, '매우 어렵다'고 응답한 학생은 9.45%로 전체 응답자의 절반 이상을 차지하고 있다. 그만큼 외국인 학습자들에게 한국어 조사 및 조사 결합은 어려운 문법 범주이다. 또한 교재에서 조사 결합에 대해 명시적으로

제시하지 않고 있기 때문에 학습자들은 어려워 할 수밖에 없다.

> [문항5] 한국어 조사 결합이 어렵다고 생각하시는 이유는 무엇입니까?

    중국인 KFL 학습자들이 한국어 조사 결합이 어렵다고 생각하는 이유가 무엇인지 그 원인을 구체적으로 알아보기 위해 본 문항은 설문조사에 참여했던 학습자 10명을 대상으로 심층 인터뷰를 진행하였다. 학생들의 답변을 정리하면 아래와 같다.

〈표 4-5〉 '조사 결합이 어려운 이유'에 대한 응답 결과

- 수업 시간에 조사 결합에 대해 별도로 강의하지 않기 때문에 어렵다.
- 중국어에는 조사 결합 규칙이 없기 때문에 정확하게 사용하기 어렵다.
- 교재나 인터넷에 조사 결합 관련 자료가 적기 때문에 배우기 어렵다.
- 단일 조사의 의미와 조사가 결합되었을 때 의미가 다르기 때문에 어렵다.
- 문법 항목으로 학습을 한다고 해도 교재의 예문이 체계적이지 않아서 사용 상황을 이해하기 어렵다.

    한국어 조사 결합이 어렵다고 느끼는 이유 중 '조사 결합이 중국어에 없는 규칙이기 때문에 어렵다'고 답한 학생이 많았다. 중국어는 고립어로서 교착어인 한국어와는 달리 문법이 많이 발달되어 있지 않고 중국어에는 조사가 없으며 당연히 조사 결합도 없다. 그 때문에 중국인 KFL 학습자들은 조사 결합의 학습에 어려움을 느낄 수 있다. 그 다음으로는 '교재나 인터넷에 조사 결합 관련 자료가 적기 때문에 배우기 어렵다.'와 '문법 항목으로 학습을 해도 예문이 전형적이지

않아서 정확한 사용 상황을 이해하기 어렵다.'고 느낀 학생들도 있었다. 중국인 KFL 학습자들은 교재에 대한 불만도 드러내고 있는데 한국어에 관한 내용을 거의 모든 것을 교재로 배우는 중국인 KFL 학습자들에게 교재의 해석이 부족하고 또한 자주 사용되는 조사 결합 형태마저도 문법 항목으로 제시하지 않는다는 것은 아주 큰 문제가 될 수 있다.

또한 중국어에는 조사 결합이 없는데 한국어의 조사는 서로 결합되고 또 생략되는 것이 어렵기 때문에 조사 결합의 용법과 특징에 대해 구체적인 교육이 필요하고 특히 중국인 KFL 학습자에게는 교재 역할이 절대적인데 이런 부분들이 보완되어야 한다. 그리고 수업 시간에 조사 결합에 대해 별도로 강의하지 않기 때문에 어렵다고 답하였다. 이는 조사 결합의 교육에 문제가 있다는 것을 알 수 있다. 조사 결합의 교육이 잘 진행되면 조사 결합의 용법과 특징은 잘 알 수 있을 것이며 즉 조사 결합의 교육은 아직 더 연구되어야 하며 더 개발해야 할 부분이 많다는 생각이 든다. 마지막으로 단일 조사의 의미와 조사가 결합되었을 때 의미가 다르기 때문에 어렵다고 답한 학생도 있었다. 중급 이상으로 가면서 단일 조사는 정확하게 사용할 수 있으나 조사가 결합이 되면 어떻게 사용해야 하는지 헷갈리기 쉽다고 하였다.

즉 조사가 결합할 때 일정한 순서와 규칙이 있고 생략 가능한 경우와 생략하면 안 되는 결합들이 있기 때문에 중국인 KFL 학습자들이 어렵게 느꼈다는 것을 알 수 있다. 앞서 설명하였다시피 교재에서 조사 결합을 문법 항목으로 그리고 조사 결합에 대해 명시적으로 다루지 않기 때문에 조사 결합에 대한 설명도 부족하고 체계적으로 배우지 못하므로 중국인 KFL 학습자들은 더욱 어려워할 수밖에 없다.

다. 조사 결합 학습 방법

〈표 4-6〉 '조사 결합 학습 방법'에 대한 응답 결과 ①

	① 네	② 아니요
응답자 수	56	29
비율	65.88%	34.12%

　　한국어 교육 현장에서 선생님들이 조사 결합을 별도로 가르치고 있는지를 알아보기 위한 설문이었다. '한국어 조사 결합을 선생님으로부터 배운 적이 있습니까?' 이 질문에 65.88%를 차지하는 학생들이 '네'라고 답하였다. 이 결과는 많은 한국어 교육 현장에서 조사 결합을 따로 취급하고 있으며 조사 결합을 강조하여 체계적으로 가르치고 있다기보다는 교사에 따라 다르게 교육되고 있다. 또한 조사 결합이 한국어 교육에서 매우 중요함에도 불구하고 중국 내에서는 제대로 이루어지지 못하고 있다는 것을 보여준다. 그러나 29명 즉 34.12%나 되는 학생들은 조사 결합을 따로 분류하여 가르치지 않는다고 대답하고 있다. 이는 한국어 교육 현장에서 조사 결합 교육을 더 많이 진행하여야 하며 더 많은 노력이 필요하다는 것을 알 수 있다.

[문항7] 한국어 조사 결합에 대해 어떻게 공부하고 계십니까?

① 교재에 나타나는 본문이나 예문을 통해 공부한다.
② 문법 항목으로 나오는 조사 결합을 강의를 통해 이해한다.
③ 한국 프로그램을 통하여 스스로 공부한다.
④ 따로 공부하지 않는다.

〈표 4-7〉 '조사 결합 학습 방법' 응답 결과 ②

	①	②	③	④
응답자 수	33	39	1	12
비율	38.82%	45.88%	1.18%	14.12%

　　[문항7]은 중국인 KFL 학습자들이 조사 결합을 스스로 학습을 한다면 어떤 방식으로 하는지에 대해 알고 싶어서 설문을 한 것이다. 그리고 '한국어 조사 결합에 대해 어떻게 공부하십니까?'라는 질문에는 '문법 항목으로 나오는 조사 결합을 강의를 통해 이해한다.'를 택한 학생이 39명을 전체의 45.88%를 차지하였다. 대부분의 학생들이 조사 결합을 강의를 통해 이해하고 학습한다고 답하였다. 이는 앞의 설문에서의 '교재에 조사 결합에 대한 설명이 부족하여 배우기 어렵다.'와 '수업 시간에 별도로 배우지 않기 때문에 어렵다.'를 선택한 것과 일치하지 않아 ②번을 선택한 학생들을 인터뷰를 해 봤더니 단일 조사와 헷갈려서 선택하였다고 하였다. 따라서 현재 질문하고 있는 것은 단일 조사가 아니라 조사 결합이라고 예문을 들어서 설명을 했더니 절반 정도의 학생들이 '교재에 나타나는 본문이나 예문을 통해 공부한다.'고 답하였다. 그리고 '따로 공부하지 않는다.'고 답한 학생이 12명

으로 전체 응답자의 12.14%를 차지한다. 이는 교재에 조사 결합 형태가 문법 항목으로 제시하지 않고 교사도 체계적으로 설명을 하지 않기 때문에 조사 결합의 중요성을 인지하지 못하였으므로 조사 결합을 따로 공부하지 않은 것으로 보인다.

라. 한국어 조사 결합 사용 현황

[문항8] 한국어 조사 결합을 사용할 때 오류를 적게 범하기 위하여 어떻게 하십니까?

① 내가 아는 조사 결합만을 사용한다.
② 가능하면 조사 결합을 사용하지 않고 회피한다.
③ 조사 결합을 하지 않고 하나의 조사만 사용한다.
④ 방법을 잘 몰라서 특별히 하는 것이 없다.

〈표 4-8〉 '조사 결합 사용 현황' 응답 결과

	①	②	③	④
응답자 수	65	11	16	2
비율	65.88%	12.94%	18.82%	2.35%

[문항8]은 한국어 조사 결합의 사용에서 오류를 적게 범하기 위하여 하는 방법에 대하여 질문을 하였다. 여기에서 현저하게 비례가 높은 것은 '내가 아는 조사 결합만을 사용한다.'로 총 65명이 답하였는데 이는 총 65.88%나 차지하며 과반수이상이며 전형적인 회피 현상이라고 할 수 있다. 그리고 '가능하면 조사 결합을 사용하지 않고 회피한다.'를 선택한 학생이 12.94%를 차지하고 있다. 즉 많은 학생들은 자신

이 잘 알고 있는 조사 결합, 정확하게 사용할 수 있는 조사 결합만을 골라서 사용하며 잘 모르거나 의미가 모호하다고 생각되는 것은 회피한다는 것을 알 수 있다. 또한 조사 결합을 사용하지 않고 단일 조사만 사용한다는 학생도 16명이 되었으며 이는 전체의 18.82%를 차지한다. 즉 한국어 교육에서 조사 결합 교육이 얼마나 중요한지를 잘 알아볼 수 있는 설문이다. 마지막으로 2명의 학습자들은 '방법을 잘 몰라서 특별히 하는 것이 없다.'라고 응답하였다. 이 부류의 학생들이 어떠한 적합한 교육 방법으로 한국어 조사 결합을 잘 학습하고 인지하게 할 것인가를 다시 한 번 고민해 봐야 하는 설문이다.

마. 한국어 조사 결합 학습 만족도

[문항9] 현재의 한국어 조사 결합에 대한 학습이 충분하다고 생각하십니까?

① 전혀 충분하지 않다   <------------>   ⑤ 매우 충분하다

〈표 4-9〉 '조사 결합 학습 만족도'에 대한 응답 결과

	①	②	③	④	⑤
응답자 수	2	31	47	5	0
비율	2.35%	36.47%	55.29%	5.88%	0%

현재 중국인 KFL 학습자들이 한국어 조사 결합의 학습이 충분한지를 알아보기 위하여 [문항9]를 선정하였다. 결과를 보면 현재의 조사 결합에 대한 학습이 충분하지 않다고 느끼는 학습자가 총 31명으로 36.47%를 차지하며 전혀 충분하지 않다고 생각하는 학습자가 2명으로 2.35%를 차지하였다. 즉 현재 조사 결합에 대한 학습이 잘되지

않다고 생각하는 학생이 총 33명으로 39.82%를 차지하였다. 그리고 '보통이다'라고 답한 학생이 47명으로 전체의 55.29%를 차지하고 있다. '보통이다'를 선택한 학생들을 대상으로 인터뷰를 진행한 결과 대부분의 학생들이 교재에 문법 항목으로 제시되지 않고 수업에도 별도로 다루어지지 않기 때문에 따로 공부하지 않는다고 답하였다. 결과를 살펴보면 조사 결합에 대한 교육은 더 체계적으로 이루어져야 하며 대부분 학습자들이 조사 결합 교육을 원하고 있다는 것을 알 수 있다. 답변에서 현재 조사 결합 교육이 '매우 충분하다'를 선택한 학생은 단 한 명도 없었으며 '충분하다'라고 응답한 학생도 고작 5명 뿐이었다. 즉 현재의 조사 결합의 교육 및 학습이 충분히 이루어지지 않고 있으며 이는 교재에서 조사 결합에 대해 상세히 설명을 하지 않고 교사들도 구체적으로 강의를 하지 않기 때문에 학습자들은 교재의 문법 항목 외의 내용은 학습을 하지 않고 있다는 것을 알 수 있다. 이는 한국어 교재의 제한점이라고 할 수 있다.

바. 한국어 조사 결합 교육의 필요성

[문항10] 한국어 학습에서 별도로 조사 결합 교육을 하는 것이 필요하다고 생각하십니까?
① 전혀 필요하지 않다 <--------> ⑤ 매우 많이 필요하다

〈표 4-10〉 '조사 결합 교육의 필요성'에 대한 응답 결과

	①	②	③	④	⑤
응답자 수	0	13	16	40	16
비율	0%	15.29%	18.82%	47.06%	18.82%

한국어 교육에서 조사 결합 교육의 필요성을 알아보기 위하여 [문항10]을 설정하였다. 중국인 KFL 학습자들이 한국어 학습에서 별도로 조사 결합 교육 '매우 많이 필요하다'고 답한 학습자가 16명으로 18.82%를 차지하고 '많이 필요하다'라고 답한 학습자가 40명으로 47.06%를 차지한다. 즉 총 85명 중 56명의 학습자가 별도의 조사 결합 교육이 필요하다고 생각을 하고 있다. 이는 조사 결합이 학생들한테 어렵게 느껴지는 동시에 더 많은 교육을 요구한다는 것을 알 수 있다. 별도의 교육이 '조금 필요하다'고 생각하는 학생은 13명밖에 없으며 15.29%를 차지하고 '전혀 필요하지 않다'고 생각하는 학생은 단 한명도 없다. 이는 많은 학생들이 조사 결합에 대한 별도의 교육이 필요하다고 생각하고 있다는 것을 알 수 있다.

[문항11] 한국어 조사 결합 교육을 위해 무엇이 필요하다고 생각하십니까?

중국인 KFL 학습자들에게 한국어 조사 결합 교육을 위해 필요한 것이 무엇이냐는 질문에 대한 답은 주관식으로 자유롭게 쓰도록 설정하였다. 학습자들은 '조사 결합 연습이 필요하다.', '체계적인 강의가 필요하다.' 등 다양하게 적어 주었다. 이를 표로 정리하면 아래 <4-11>과 같다.

<표 4-11> '조사 결합 교육의 필요 사항' 응답 결과

- 조사 결합에 대한 연습이 필요하다.
- 수업 시간에 조사 결합에 대해 체계적으로 강의했으면 좋겠다.
- 조사 결합이 교재의 문법 항목으로 제시되었으면 좋겠다.
- 조사 결합 관련 과목을 개설했으면 좋겠다.
- 기타

　　학습자들의 응답 결과를 보면 아주 다양하게 적었다. 그 중 '수업 시간에 조사 결합에 대해 체계적으로 강의했으면 좋겠다.'라고 답한 학생이 31명으로 36.47%를 차지하였다. 그리고 '조사 결합에 관한 연습이 필요하다.'라고 적은 학생이 15.39%를 차지하였으며 '교재에 나타날 때마다 강의했으면 좋겠다.', '주제별 강의를 하면서 조사 결합을 따로 다루었으면 좋겠다.'라고 응답한 학생도 각각 7.06%를 차지하였다. 또한 '다양한 예문을 통하여 강의했으면 좋겠다.'라고 응답한 학생이 10명으로 11.77%를 차지하고 있다. 응답 결과를 보면 과반수 이상의 학습자들이 조사 결합에 대해 별도로 강의했으면 좋겠다고 응답하였다. 이는 한국어 교육 현장에서 반드시 조사 결합 교육이 이루어져야 한다는 것을 알 수 있다.

사. 조사 결합의 교수 만족도

[문항12] 현재 한국어 조사 결합 교육에 만족하십니까?

　　　　① 전혀 만족하지 않는다　<----------->　⑤ 매우 만족한다

<표 4-12> '조사 결합의 교수 만족도'에 대한 응답 결과

	①	②	③	④	⑤
응답자 수	1	5	58	21	0
비율	1.18%	5.88%	68.24%	24.71%	0%

'조사 결합의 교수 만족도'에 관한 질문에는 절반 이상의 학습자들이 '보통이다'라고 답하였고 '만족한다'고 응답한 학습자가 21명으로 24.71%를 차지하였다. 여기에서 '보통이다'가 '만족한다'에 해당되는지 '만족하지 않는다'에 해당하는지를 파악하기 위해 심층 인터뷰에서 다시 질문을 하였다. 응답 결과 교사의 교수에 불만족하는 것이 아니라 대부분 교재에 명시적으로 제시되어 있지 않는다는 것을 지적하였다.

[문항12-1] 현재 한국어 조사 결합 교육에 만족하지 않는 이유는 무엇입니까?

현재 한국어 조사 결합 교육에 만족하지 않은 이유를 다양하게 파악하고자 본 질문도 심층 인터뷰를 통하여 진행하였다. 학생들은 아래와 같이 답변을 하였다.

<표 4-13> '조사 결합 교육에 대한 불만족' 응답 결과

- 교사가 단일 조사를 강의할 때 해당 단일 조사가 다른 조사와 결합할 수 있다는 것을 설명해 주지 않는다.
- 교재에 조사 결합을 이용한 연습 문제가 너무 적다.
- 조사 결합에 대해 상세히 강의하지 않는다.
- 교재에 조사 결합에 대한 설명이 충분하지 않다.

중국인 KFL 학습자들은 교사가 단일 조사를 강의할 때 해당 단일 조사와 결합할 수 있는 모든 조사를 제시해 주고 사용 맥락에 맞게 실제로 많이 사용되고 있는 예문을 통하여 강의하는 것을 원했다. 그러나 교사에 따라 한국어 조사 결합에 대한 설명을 다르게 하고 있다는 것을 알 수 있다. 그리고 교재에 조사 결합에 대한 설명이 충분하지 않고 조사 결합을 이용한 연습 문제가 적다고 하였다.

마지막으로 조사 결합에 대해 교사들이 상세히 강의하지 않는다고 하였다. 한국어 교재에는 조사 결합이 문법 항목으로 제시되어 있지 않으므로 교사들은 조사 결합에 대해 체계적으로 가르치지 않고 충분한 설명도 하지 않는다. 이는 학습자들이 교재에 대한 불만도 많다는 것을 알 수 있다. 즉 많은 학생들은 조사 결합의 교육에서 교사의 중요성도 강조하면서 한국어 교재에 대한 불만도 많다는 것을 느낄 수 있었다. 현재 조사 결합에 대한 교육이 체계적으로 진행되지 않고 있는 현실이기 때문에 조사 결합에 대한 체계적인 목록을 제시하여 체계적인 교육이 절실히 필요하다.

지금까지 중국인 KFL 학습자의 한국어 조사 결합에 대한 인식 상황 결과에 대해 살펴보았다. 그 결과를 정리하면 다음과 같다.

첫째, 한국어 조사의 종류 및 조사 결합의 개념에 관한 질문에 절반 이상의 학습자들이 '보통이다'로 답하였다. 이는 한국어 교재에서 조사의 세부적인 유형을 구체적으로 제시를 하지 않았을 뿐만 아니라 교사들도 문법 항목으로 제시된 조사 결합만 강의하고 유형에 대해서는 추가 설명을 하지 않은 것으로 보인다. 그리고 조사 결합에 대해서도 별도로 다루지 않았기 때문에 대부분의 학습자들이 조사 결합의 개념을 인지하지 못하고 있다. 따라서 한국어 교재에서는 조사의 유형, 조사 결합의 기본적인 내용을 제시하고 한국어 교사들은 수업에 조사의 용법 및 조사의 결합 순서에 대해 별도로 다룰 필요가 있다고 본다.

둘째, 한국어 조사 결합의 난이도를 알아보는 질문에서 52명 즉 61.21%의 학습자들이 '어렵다' 이상을 선택하였다. 그 원인은 조사 결합이 중국어에는 없는 규칙이기 때문에 어렵다고 하였고 교재에 조사 결합에 대한 설명이 부족하기 때문에 어렵다고 하였다. 여기에서 중국어에 없는 규칙이기 때문에 어렵다고 한 부분은 어느 정도 이해된다. 그러나 교재에 설명이 부족하기 때문에 어렵다고 하는 부분은 개선 방안이 마련되어야 한다는 것을 알 수 있었다. 그리고 '수업 시간에 별도로 배우지 않기 때문에 어렵다.'라고 응답한 학습자들도 35.29%를 차지하였다. 이는 한국어 조사 결합 교육이 한국어 교육에서 얼마나 중요한지를 다시 생각해 보게 하는 결과이다.

셋째, 학습자들이 평소에 한국어 조사 결합에 대해 어떻게 공부하는지에 관한 질문에는 '교재에 나타나는 본문이나 예문을 통해 공부한다.'가 제일 많았다. 앞에서도 잠깐 언급하였다시피 중국인 KFL 학습자들은 한국어에 관련된 모든 내용을 교재를 통하여 학습한다고 해도 과언이 아니다. 그러므로 한국어 교재에서 조사 결합에 관한 모든 내용 즉 결합 순서, 결합 규칙 등을 구체적이고 체계적으로 제시할 필요가 있다.

넷째, 한국어 조사 결합을 사용할 때 오류를 적게 범하기 위하여 어떻게 하는지에 관한 질문에는 65.88%의 학습자들이 알고 있는 조사 결합만을 사용한다고 답하였다. 이는 조사 결합의 사용에 대해 전략적인 회피 현상으로 볼 수 있다. 이러한 결과에서 한국어 조사 결합 교육이 별도로 진행되지 않고 있다는 것을 알 수 있다. 교사들이 한국어 조사 결합에 대해 체계적으로 교육을 하였더라면 이러한 답이 나오지 않았을 것이다. 또한 연구자가 학습들의 쓰기 자료의 조사 결합 사용 양상을 분석한 결과에서 사용된 조사 결합 형태는 '에는, 으로는'으로 국한되었다. 그리고 학습자들이 조사 결합의 순서, 규칙 등을 체계적으로 배우지 못하였기 때문에 '를만, 으로까지, 은처럼' 등과 같은 결합 형태를 사용한다. 이 또한 한국어 교육 현장에서 조사 결합 교육의 필요성을 설명해 주고 있는 부분이다.

다섯째, 중국인 KFL 학습자들 스스로 한국어 조사 결합에 대한 학습이 충분하지 않다고 답하였다. 그 이유로 교재에서 조사 결합에 대해 별도로 다루지 않기 때문에 다른 문법을 위주로 공부를 하고 조사 결합은 거의 공부하지 않는다고 하였다. 이는 학습자들이 계속해서 교재에 대한 불만을 드러내고 있다는 것을 알 수 있었다. 또한 한국어 학습에서 별도로 조사 결합 교육이 필요한지에 대한 질문에서는 56명 즉 65.88%의 학습자들이 '필요하다'고 답하였다. 이는 한국어 교재에서 조사 결합을 문법 항목으로 제시하여 충분한 설명을 하고 한국어 교사가 수업에 조사 결합에 대해 체계적으로 교육을 한다면 중국인 KFL 학습자들의 요구에 만족할 수 있다고 본다.

이어서 중국인 KFL 학습자를 대상으로 진행한 한국어 조사 결합 사용 양상 조사 결과를 정리하도록 하겠다. 중국인 KFL 학습자를 대상으로 한국어 조사 결합 사용 양상 조사를 실시한 목적은 조사 결합에 대한 오류를 분석하기 위해서이다. 앞서 언급하였다시피 설문지를 작성할 때 한국어 조사 결합의 6가지 유형에 따라 판단문제를 설계하여 조사를 진행하였다. 따라서 오류 분석도 한국어 조사 결합 분류 유형을 토대로 하려고 한다. 앞서 분류한 한국어 조사 결합 유형을 다시 제시하면 아래와 같다.

〈표 4-14〉 한국어 조사 결합 유형

조사 결합 유형	조사 결합 세부 유형
의미격 ①유형	의미격 조사 + 문법격 조사
의미격 ②유형	의미격 조사 + 의미격 조사
의미격 ③유형	의미격 조사 + 후치사
의미격 ④유형	의미격 조사 + 첨사
후치사 ①유형	후치사 + 문법격 조사
후치사 ②유형	후치사 + 첨사

Corder(1981)에서는 오류의 절차를 다섯 가지로 나누어 오류 분석을 진행하였다(이정희, 2002:42). 그러나 현실적으로 이 다섯 가지 절차에 따라 분석하기는 너무 어렵다. 따라서 본고에서는 연구하고자 하는 주제에 맞게, 그리고 위 <표 4-14>의 조사 결합 유형에 따라 오류를 정리하고자 한다.

중국인 KFL 학습자의 한국어 조사 결합의 오류를 분석하기 위해서 우선 학습자 자료에 나타나는 조사 결합의 오류의 판단 기준을 세우고 오류 유형을 구별해야 한다. 기존의 연구에서는 오류의 유형을 학습자의 오류 원인에 따른 유형, 형식에 따른 유형 두 가지로 나누어 분석을 하였다. 고석주 외(2004)에서는 조사의 오류를 '누락/생략 오류', '대치 오류', '첨가 오류', '형태 오류' 그리고 '환언 오류' 등으로 나누어 연구를 진행하였다. 그러나 본고에서는 단일 조사의 오류를 분석하는 것이 아니라 조사 결합의 오류에 대해 분석하는 것이기 때문에 조사 결합의 순서에 따른 오류를 판정하는 '결합 순서 오류'를 추가할 것이다. 따라서 본고에서는 용어가 가지는 의미와 오류의 형태를 고려하여 조사 결합의 오류 유형을 '누락 오류, 대치 오류, 첨가 오류, 결합 순서 오류, 형태 오류' 등 다섯 가지로 나누어 분석을 진행하고자 한다.

'누락' 오류는 학습자가 조사 결합 형태를 써야 할 자리에 사용하지 않음으로 인해 발생하는 오류이다. 학자에 따라 동일한 오류에 대해 '누락' 또는 '생략'이라는 용어를 사용한다. 그러나 생략은 그것이 빠진 상태에서도 문장이 자연스럽게 연결된다는 점에서 오류라고 보기 어렵다. 반면에 누락은 당연히 있어야 할 것이 빠짐으로 인해 맥락이나 연결이 자연스럽지 않은 경우이며 이를 오류라고 할 수 있다. 생략은 일상적인 언어생활에서 화자와 청자, 필자와 독자의 암묵적 동의하에 자연스럽게 사용할 수 있는 반면 누락은 그렇지 않다는 차이가 있다(원해영, 2016:228).

(15) ㄱ. 영희에게 아니라 명희에게 고맙다고 해야지. : '가' 누락 오류
ㄴ. 여기에 다시 오니 이곳에서 추억이 떠오르네요. : '의' 누락 오류
ㄷ. 그는 혼자만 시간을 보내기 위해 여행을 떠났다. : '의' 누락 오류

'대치' 오류는 학습자가 조사 결합을 역할과 기능에 맞지 않게 잘못 사용한 경우의 오류이다. 즉 본래 써야 할 조사 결합을 쓰지 않고 다른 조사 결합 형태를 씀으로써 맥락이 자연스럽지 않게 된 경우이다. 조사 결합의 의미와 기능을 잘 알지 못해서 일으키게 된 오류를 대치 오류라 한다. 조사 결합의 대치 오류를 다음 예문과 같이 제시할 수 있다.

(16) ㄱ. 산산 씨<u>에게는</u> 아니라 혜진 씨에게 사과를 해야지. : '는가' 대치
오류

　　ㄴ. 이건 국내<u>에만</u> 사용할 수 있는 폰이야. : '에-에서' 대치 오류

'첨가' 오류는 사용하지 말아야 할 곳에 불필요하게 조사 결합을
사용한 오류를 말한다. 그러나 본고에서는 조사 결합 오류를 분석하
며 모든 조사가 서로 결합이 되는 것이 아니기 때문에 결합이 안
되는 조사끼리 결합한 형태를 첨가 오류로 처리하고자 한다. 조사
결합의 첨가 오류를 다음 예문과 같이 제시할 수 있다.

(17) ㄱ. 부모님께 앞<u>으로는</u> 계획을 말씀드렸습니다. : '는의' 첨가 오류

　　ㄴ. 나는 지금<u>까지에</u> 철수의 아내를 본 적이 없다. : '에도' 첨가 오류

'결합 순서' 오류는 조사의 결합 순서가 틀린 경우를 말한다. 조사가
결합할 때 일정한 규칙과 순서에 따라 결합을 하는데 학습자들이 결
합 순서에 상관없이 결합한 경우를 모두 결합 순서 오류로 명명하여
처리하고자 한다.

(18) ㄱ. 너<u>를만</u> 위한 선물을 준비해 봤는데 마음에 들지 모르겠네. : '를
만-만을' 결합 순서 오류

　　ㄴ. 서울<u>부터에서</u> 광저우까지 얼마나 걸려요? : '부터에서-에서부터'
결합 순서 오류

IV. 중국인 KFL 학습자의 조사 결합 교육 양상 및 현황 121

마지막으로 '형태' 오류는 조사 결합의 기능을 정확하게 알고 사용하였으나 형태적인 측면에서 한국어적 특질을 정확하게 인지하지 못한 결과 음운론적 이형태를 혼동하여 사용한 오류이다. 이형태 오류의 예는 다음과 같다.

(19) ㄱ. 옛 친구들<u>와의</u> 추억을 회상하면서 앨범 정리했네요. : 와-과 이형태 오류
    ㄴ. 내일<u>부터은</u> 일자리를 알아봐야지. : 은-는 이형태 오류

본 연구에서 분석하는 조사 결합 오류는 학습자의 조사 결합 사용 양상 설문지를 통하여 한국어 조사 결합 형태를 정확하게 사용하는지 알아보는 것이다. 보통 오류의 원인을 목표어에 의한 영향과 모국어에 의한 영향으로 나누어 설명한다. 오류의 양상에 따라 '누락 오류, 대치 오류, 첨가 오류, 결합 오류, 형태 오류'로 나누어 분석하고자 한다. 이정희(2003)의 오류 분석 판정 기준을 참고하여 본 연구에서 설정한 조사 결합 오류의 유형을 정리하면 다음과 같다.

〈표 4-15〉 조사 결합 오류 판정 기준

오류 유형	오류 판정 기준
누락 오류	조사 결합을 생략, 회피한 경우
대치 오류	조사 결합을 사용하였으나 그 용법이 맞지 않은 경우
첨가 오류	서로 결합이 안 되는 조사끼리 결합해서 사용한 경우
결합 순서 오류	조사의 결합 순서가 틀린 경우
형태 오류	이형태를 가진 조사를 환경에 맞게 쓰지 못한 경우

오류의 원인을 목표어에 의한 영향으로 판단하는 이유는 조사 및 조사 결합이 한국어의 가장 큰 특징 중의 하나이며, 외국인 학습자 특히 중국인 KFL 학습자가 조사 또는 조사 결합을 학습하는 과정에서 과잉 또는 불완전 적용으로 인해 오류를 발생시켰을 것으로 생각되기 때문이다.

이어서 3.1장에서 중국인 KFL 학습자의 한국어 조사 결합 오류 양상을 살펴보기 위해 조사 결합 사용 양상 조사를 실시하였다. 앞서 제시한 오류 판정 기준을 바탕으로 조사 결합 오류를 정리하면 <표 4-16>과 같다.

〈표 4-16〉 중국인 KFL 학습자의 조사 결합 오류 유형 및 오류 수

조사 결합 유형	오류 유형	오류 수
의미격 ①유형	누락 오류	153
	대치 오류	9
	첨가 오류	6
	결합 순서 오류	8
	형태 오류	-
의미격 ②유형	누락 오류	200
	대치 오류	16
	첨가 오류	-
	결합 순서 오류	19
	형태 오류	-
의미격 ③유형	누락 오류	115
	대치 오류	4
	첨가 오류	3
	결합 순서 오류	54
	형태 오류	1

조사 결합 유형	오류 유형	오류 수
의미격 ④유형	누락 오류	137
	대치 오류	3
	첨가 오류	6
	결합 순서 오류	1
	형태 오류	-
후치사 ①유형	누락 오류	135
	대치 오류	30
	첨가 오류	7
	결합 순서 오류	50
	형태 오류	-
후치사 ②유형	누락 오류	119
	대치 오류	12
	첨가 오류	5
	결합 순서 오류	14
	형태 오류	-

중국인 KFL 학습자의 한국어 조사 결합에 대한 사용 양상을 살펴
보기 위한 설문조사는 판단문제로 구성하였다. 앞서 밝힌 바와 같이
판단문(O/X)은 조사 결합을 사용하여 만든 문장의 조사 결합 순서가
맞는지 판단하고 틀렸으면 조사 결합 형태로 고쳐 쓰도록 하는 문제
이다.

아울러 본고에서 설정한 조사 결합 오류 판정 기준을 바탕으로
오류를 분석한 결과는 위의 <표 4-16>과 같다. 조사 결합 오류 분석
결과를 보면 각 유형별로 누락 오류가 가장 많이 나타났다. 이는 설문
조사를 진행하기에 앞서 학습자들에게 본 설문은 한국어 조사 결합

사용 양상에 관한 조사이기 때문에 반드시 조사 결합을 이용하여 정답을 적어야 한다고 설명을 하였다. 그럼에도 불구하고 단일 조사로 고쳐 썼으면 전부 누락 오류로 처리하였다. 그러므로 조사 결합 여섯 유형의 오류 중에서 누락 오류가 가장 많이 나타난 것으로 생각된다. 두 번째로는 결합 오류가 많이 나타났으며 대치 오류, 첨가 오류, 형태 오류의 순으로 오류 양상을 정리할 수 있다. 그러나 의미격 ①유형에서는 결합 오류보다 대치 오류의 빈도가 더 높다. 결합 오류가 그 다음으로 나타난 이유는 중국인 KFL 학습자들이 조사가 서로 결합해서 사용한다는 사실은 알고 있으나 결합 순서나 규칙에 대해 배우지 못하였으므로 틀리게 결합해서 사용하여 오류를 범한 것으로 보인다. 반면 형태 오류는 1회로 가장 적게 나타났다. 조사 대상은 한국어학과 2, 3학년 학습자 즉 중급 이상 학습자들이기 때문에 결합 시 이형태에 대해서는 잘 인지하고 있었음을 알 수 있다.

앞서 정리한 한국어 조사 결합을 바탕으로 각 유형별 전체 오류를 표로 제시하면 아래와 같다.

〈표 4-17〉 조사 결합 유형별 오류

조사 결합 유형	전체 오류
의미격 ①유형	176
의미격 ②유형	235
의미격 ③유형	177
의미격 ④유형	147
후치사 ①유형	222
후치사 ②유형	150

위의 <표 4-17>에서 알 수 있듯이 의미격 ②유형 즉 의미격 조사끼

리의 결합 형태의 오류 유형이 가장 많이 나타났으며 예문을 살펴보면 다음과 같다.

(20) ㄱ. 영광은 <u>그로에게</u> 돌아갔다.
　　 ㄴ. <u>학교와에서</u> 집에서 모두 열심히 공부한다.
　　 ㄷ. 나는 뒷동산 밤나무<u>에로</u> 갔다.
　　 ㄹ. 철수<u>에게와</u> 영희에게 모두 전화했다.

　　의미격 ②유형에 속하는 판단문제에서 두 문제는 맞게 설정하고 두 문제는 조사 결합 순서를 틀리게 설정하였다. 우선 조사 결합을 사용하여 만든 문장이 맞는지 판단을 하고 틀렸으면 정답으로 고쳐 쓰도록 하였다. 본 문제에서는 66명의 학생이 단일 조사로 고쳐 쓰는 누락 오류를 범하였으며 11명의 학생이 결합 순서 오류를 범하였다.
　　그 다음으로 후치사 ①유형 즉 후치사와 문법격 조사 간의 결합에서의 오류가 많았다. 예문을 살펴보면 아래와 같다.

(21) ㄱ. 남들<u>의만큼</u> 노력만 가지고는 일류가 될 수 없다.
　　 ㄴ. 이번 일은 사장님<u>만이</u> 해결할 수 있대.
　　 ㄷ. 어디<u>가부터</u> 우리 땅입니까?
　　 ㄹ. 철수는 내년<u>까지의</u> 여행 계획을 짜 놓았더라고요.

　　후치사 ①유형에서도 두 문제는 맞게 두 문제는 틀리게 설정하여 테스트를 하였다. 그 중 45명의 학생이 누락 오류를 범하였고 30명의 학생이 결합 오류를 범하였으며 6명의 학생이 대치 오류를 범하였다.

가장 특징적인 것은 '이번 일은 사장님만이 해결할 수 있대.' 이 문장은 맞는 문장임도 불구하고 많은 학생들이 틀렸다고 하고 '이만'으로 고쳐 썼으며 '어디가부터 우리 땅입니까?' 이 문장은 결합 순서가 틀린 문장인데 맞다고 응답한 학생이 열 명 정도였다.

조사 결합 사용 양상 테스트 결과를 보면 학습자들이 공통적으로 결합 순서 오류와 누락 오류를 범한 문제가 있었다. 따라서 많이 틀리는 문제를 표로 정리하면 아래와 같다.

〈표 4-18〉 조사 결합 오류의 특징

조사 결합 유형	문장
의미격 ②유형	• 학교<u>와에서</u> 집에서 모두 열심히 공부한다.
의미격 ③유형	• 서울<u>부터에서</u> 광저우까지 얼마나 걸려요?
	• 한국인은 특별한 날<u>만에</u> 선물을 한다.
후치사 ①유형	• 남들<u>의만큼</u> 노력만 가지고는 일류가 될 수 없다.
	• 이번 일은 사장님<u>만이</u> 해결할 수 있대.
	• 어디<u>가부터</u> 우리 땅입니까?

대부분 학습자들이 표 <4-18>에서 정리한 문제에서처럼 결합 순서 오류와 누락 오류를 범하였다. 왜 많은 학습자들이 공통적으로 위 문제에서 오류를 범하였는지 상세히 알아보고 싶어서 10명의 학습자들을 대상으로 심층 인터뷰를 진행하였다. 인터뷰 내용을 정리하면 아래 <표 4-19>와 같다.

〈표 4-19〉 조사 결합 오류 심층 인터뷰 결과

의미격 ②유형: 학교<u>와에서</u> 집에서 모두 열심히 공부한다. • 조사 '에서'와 '와'가 서로 결합할 수 있다는 사실을 몰라 단일 조사 '와'로 고쳐 썼다.
의미격 ③유형: 서울<u>부터에서</u> 광저우까지 얼마나 걸려요? • '에서'와 '부터'를 따로 사용하여도 틀리지 않는다고 생각하여 단일 조사로 고쳐 썼다.
의미격 ③유형: 한국인은 특별한 날<u>만에</u> 선물을 한다. • '만에' 순서가 맞는 것 같아서 맞다고 했다. • '만'이 앞의 '날'을 수식하는 것 같아서 맞다고 했다. • 중국어로 번역을 했을 때 '만에' 순서가 맞다.
후치사 ①유형: 남들<u>의만큼</u> 노력만 가지고는 일류가 될 수 없다. • 중국어로 번역을 했을 때 '의만큼'의 순서가 맞다. • '만큼'과 '의'가 결합할 수 있다는 사실을 몰라서 비워 뒀다. 후치사 ①유형: 이번 일은 사장님<u>만이</u> 해결할 수 있대. • 조사 '이/가'가 명사 바로 뒤에 결합한다고 알고 있어서 '이만'으로 고쳐 썼다. • '만이' 조사 결합 형태를 접하지 못했다. • 중국어로 번역을 했을 때 '이'가 없어도 될 것 같아서 '만'을 고쳐 썼다. 후치사 ①유형: 어디<u>가부터</u> 우리 땅입니까? • '부터'와 '가'가 서로 결합할 수 있다는 사실을 몰랐다. • 조사 '이/가'가 명사 바로 뒤에 결합한다고 알고 있어서 맞다고 했다. • 각각의 단일 조사로 바꿔도 틀리지 않는다.

심층 인터뷰 결과를 살펴보면 다음과 같은 특징이 있다. 첫째, 많은 조사 결합을 평소에 접하지 못했다. 둘째, 단일 조사를 사용하여도 맞다고 생각하는 부분은 전부 단일 조사로 고쳐 썼다. 셋째, 중국어로 번역을 했을 때 결합 순서가 틀리는 부분이 많았다. 이는 조사 결합 교육을 체계적으로 해야 할 필요성을 느끼게 하는 부분이다. 또한 앞서 중국어 대응 표현을 제시하였는데 조사 결합 교육을 할 때 중국어 대응 표현과 대조하면서 가르치는 것도 좋은 방법이라고 생각한다.

지금까지 중국인 KFL 학습자의 한국어 조사 결합 사용 양상을 조사하여 조사 결합 오류 유형을 분석하였다. 결과적으로 중국인 KFL 학습자들은 조사 결합을 사용하지 않고 회피한다는 가장 큰 특징이 있는데 그 결과를 정리하면 아래와 같다.

첫째, 중국인 KFL 학습자들은 한국어 조사 결합을 사용해야 할 자리에 생략을 하거나 단일 조사로 대신하는 등 회피하는 경향이 많이 나타났다. 이는 중국어에는 조사 및 조사 결합 규칙이 없으므로 인지하기 어렵고 산출해 내기도 어렵다고 할 수 있다. 그러나 중·고급으로 갈수록 조사 결합을 사용하지 않으면 의미상 미묘한 차이를 이해하지 못하고 원어민 화자와의 원활한 의사소통을 하기 어렵다. 그러므로 학습자들은 교재에 제시된 문법 항목뿐만 아니라 조사 결합도 별도로 학습을 해야 하고 또한 한국어 교사들도 조사 결합에 대해 체계적으로 가르치고 연습을 통해 조사 결합을 적절하게 사용할 수 있도록 인도해야 한다.

둘째, 중국인 KFL 학습자들은 조사가 서로 결합할 때 일정한 규칙이 있고 결합 순서가 존재한다는 사실을 인지하지 못하고 있다. 예컨대 서로 결합할 수 없는 조사 간에 결합하거나 결합 순서에 맞지 않게 결합하여 사용하였다. 이는 한국어 교재에 조사의 결합 규칙이나 순서에 대한 구체적인 설명이 없고 한국어 교사들도 교재에 나타나지 않는 문법이므로 강의를 하지 않는 것으로 생각된다. 따라서 한국어 교재를 편찬할 때 조사 결합에 대한 설명을 추가하거나 교사들도 조사 결합에 대해 상세하게 가르쳐야 오류를 줄일 수 있다고 본다.

셋째, 학습자들의 조사 결합 오류 양상 분석 결과 의미격 ②유형에 속하는 '의미격 조사+의미격 조사'의 오류가 가장 많았다. 이는 교재에 의미격 조사끼리 결합인 '에로, 에게로, 에서와' 등과 같은 조사 결합 형태가 거의 노출되지 않았기 때문에 제대로 습득을 하지 못하고 정확하게 사용할 수 없었던 것으로 보인다. 반면 '에는, 에도, 으로는'과 같은 의미격 ④유형의 오류가 가장 적게 나타났다. 이는 한국어 교재의 조사 결합 노출 현황 분석표와 같이 '에는. 에도, 에서도'가 전체 조사 결합의 절반 이상을 차지하고 있기 때문에 학습자들이 가장 많이 접하고 사용하는 조사 결합 형태이므로 가장 적은 오류를 나타낸 것으로 보인다. 따라서 한국어 교재에 조사 결합을 문법 항목으로 제시하여 교육을 하면 이러한 오류를 줄일 수 있다고 본다.

넷째, 중국인 KFL 학습자들에게 조사 결합을 사용하여 답을 해야 한다고 설명을 했기 때문에 조사 결합을 사용하여 답을 적었다. 그러나 의미 기능을 제대로 파악하지 못한 채 임의로 조사 결합을 사용하여 답을 하였다. 이 또한 조사 결합에 대해 체계적으로 공부하지 못하였기 때문에 단일 조사는 정확하게 사용하나 조사가 결합되면 그 의미를 파악하지 못하고 적절하게 사용하지 못하고 있다. 그러므로 연구자는 조사 결합 교육은 한국어 교육에 반드시 이루어져야 하는 문법 범주라 생각한다.

다섯째, 중국인 KFL 학습자를 대상으로 실시한 조사 결합 인식 양상 조사와 조사 결합 오류 양상 결과를 종합하였을 때 조사 결합 사용에서 전략적으로 회피한다는 공통된 특징을 발견할 수 있다. 따라서 5장에서 조사 결합 교육 방안을 제안할 때 이러한 회피 현상을 줄일 수 있는 방법을 모색해야 할 것이다.

2. 한국어 교재의 조사 결합 내용 분석 결과

본고는 중국인 KFL 학습자의 한국어 조사 결합에 대한 인식과 오류 양상을 분석하여 중국인 KFL 학습자에게 효과적인 한국어 조사 결합 교육 방안을 제안하고자 한다. 이를 위해 앞서 3.2장에서 중국인 KFL 학습자들이 주로 사용하는 중국 출판 한국어 교재와 한국 통합교재 내 조사 결합 내용을 분석하였다. 본 절에서는 앞서 분석한 중국 출판 한국어 교재와 한국 통합교재의 조사 결합 내용을 조사 결합 유형에 따라 비교·분석하고자 한다.

중국인 KFL 학습자들 즉 외국어로서의 한국어를 전공하는 학생들은 한국어 언어 환경이 아닌 주로 교재로 통하여 한국어를 학습한다. 그러므로 앞에서 언급하였다시피 중국인 KFL 학습자들에게 있어서 교재는 아주 중요한 역할을 한다. 한국어 교재 내에서 조사 결합에 대한 목록을 제시하지 않고 설명이 부족하면 교재를 위주로 한국어를 학습하는 중국인 KFL 학습자들은 조사 결합에 대한 교육을 체계적으로 받지 못한다.

이는 앞장에서 분석한 중국인 KFL 학습자의 한국어 조사 결합 사용 오류 양상 분석 결과에서 알 수 있다. 대부분의 학생들이 한국어 조사 결합에 관한 문제이고 조사 결합 형태를 사용하여 문제를 완성하라고 설명을 하였음에도 불구하고 10.59%의 학생들이 전부 단일 조사만 사용한 것으로 나타났다. 따라서 한국어 교재에서는 조사 결합에 대해 어떻게 다루고 있는지 분석 결과를 정리하고자 한다.

3.2장의 ㉮교재 내 조사 결합 분석 결과를 바탕으로 본고에서의 조사 결합 유형에 따라 정리하면 아래와 같다.

〈표 4-20〉 ㉮교재 내 조사 결합 유형별 분석 결과

조사 결합 유형	조사 결합 항목	노출 개수
의미격 ①유형	과의, 로의, 에서의	3
의미격 ②유형	-	
의미격 ③유형	로만, 로부터, 에게만, 에까지, 에만, 에서까지, 에서만, 에서부터	8
의미격 ④유형	과는, 과도, 께는, 께도, 께서는, 로는, 로도, 로든, 서나, 서도, 에게나, 에게는, 에게도, 에겐, 에나, 에는, 에도, 에서나, 에서는, 에서도, 에서든, 에서든지, 에선, 에야, 엔, 하고는, 한테는, 한테도	28
후치사 ①유형	까지의, 만을, 만의, 만이	4
후치사 ②유형	까지는, 까지도, 까지야, 만은, 만큼은, 밖에는, 보다는, 보다도, 부터는, 부터라도, 조차도	11

위 표와 같이 앞서 설정한 조사 결합 유형에 따라 한국 교재의 조사 결합 항목을 재정리하였다. 조사 결합 항목에서 '만으로도, 뿐만이'와 같은 두 개 이상 조사 간 결합 형태는 제외시켰다. 또한 '까지만, 만큼만, 뿐만' 등 후치사끼리의 결합도 연구에 포함시키지 않았다.

㉮교재에는 의미격 ④유형인 '의미격 조사+첨사' 결합 형태의 조사 결합이 가장 많이 노출되었다. 앞에서도 잠깐 언급하였다시피 교재에 많이 노출된 형태이기 때문에 학습자들의 오류가 가장 적게 나타난 유형 중의 하나이다. ㉮교재 분석 결과 조사 결합 교육은 따로 이루어지지 않고 있었다.

㉯교재 내의 조사 결합 노출 현황 분석 결과를 바탕으로 조사 결합을 유형별로 정리하면 아래 표와 같다.

〈표 4-21〉㉯교재 내 조사 결합 유형별 분석 결과

조사 결합 유형	조사 결합 항목	노출 개수
의미격 ①유형	과의, 에서의, 에의	3
의미격 ②유형	-	
의미격 ③유형	로까지, 로만, 로부터, 에게만, 에까지, 에만, 에서까지, 에서만, 에서부터	9
의미격 ④유형	과는, 과도, 께는, 께도, 께만, 께서는, 께서도, 로는, 로도, 서나, 에게나, 에게는, 에게도, 에겐, 에나, 에는, 에도, 에서나, 에서나마, 에서는, 에서도, 에서든, 에선, 에야, 엔, 하고는, 한테는, 한테도	28
후치사 ①유형	까지를, 까지의, 로서의, 로의, 만을, 만의, 만이, 만큼의	8
후치사 ②유형	까지는, 까지도, 로서는, 로서도, 마저도, 만은, 만이라도, 만큼은, 만큼이라도, 밖에는, 보다는, 보다도, 부터는, 부터라도,	14

㉯교재도 의미격④ 유형의 조사 결합 항목이 가장 많이 나타났고 그 다음은 후치사 ②유형에 14개의 조사 결합 항목이 노출되었다. ㉯교재도 ㉮교재와 마찬가지로 의미격 ②유형에 속하는 조사 결합이

노출되지 않고 있다. 또한 조사 세 개 이상이 결합된 조사 결합 항목은 유형별 분석 결과에 포함시키지 않았으며 '까지만, 뿐만'과 같은 후치사끼리의 결합도 분석 결과에서 제외하였다.

㉰교재 내 조사 결합 항목을 조사 결합 유형별로 정리하면 아래 표와 같다.

〈표 4-22〉 ㉰교재 내 조사 결합 유형별 분석 결과

조사 결합 유형	조사 결합 항목	노출 개수
의미격 ①유형	과의, 에서의	2
의미격 ②유형	에게로	1
의미격 ③유형	로만, 로부터, 에게만, 에까지, 에다, 에만, 에서만, 에서부터, 에서조차, 에서처럼	10
의미격 ④유형	과는, 과도, 께는, 께도, 께서는, 께서도, 랑은, 로는, 로도, 로라도, 서나, 서는, 서도, 서든지, 에게나, 에게는, 에게도, 에게든지, 에나, 에는, 에도, 에라도, 에서나, 에서는, 에서도, 에서든지, 에선, 에야, 엔, 한테는, 한테도	32
후치사 ①유형	까지를, 까지의, 로서의, 로의, 마다의, 만을, 만의, 만이	8
후치사 ②유형	까지나, 까지는, 까지도, 만은, 만이라도, 보다는, 보다도, 보다야, 부터는, 부터라도, 조차도	11

본 교재에서도 의미격 ④유형의 조사 결합이 가장 많이 노출되었으며 그 다음으로는 후치사 ②유형과 의미격 ③유형의 조사 결합 순으로 노출되었다. ㉮교재와 마찬가지로 '까지만, 뿐만' 등 후치사가 서로 결합한 조사 결합 항목은 위 표에 포함시키지 않았다. 그리고 ㉮교재와 ㉯교재에서는 의미격 조사 간의 결합 형태가 노출되지 않았으나 ㉰교재에서는 의미격 ②유형에 속하는 '에게로'가 노출되었다.

㉑교재 내 노출된 조사 결합 항목을 각 유형별로 정리하면 표 <4-23>과 같다.

〈표 4-23〉 ㉑교재 내 조사 결합 유형별 분석 결과

조사 결합 유형	조사 결합 항목	노출 개수
의미격 ①유형	과의, 에게의, 에서의	3
의미격 ②유형	에게로	1
의미격 ③유형	로만, 로부터, 서만, 서부터, 에게만, 에까지, 에다, 에만, 에서까지, 에서만, 에서부터	11
의미격 ④유형	과는, 과도, 1께는, 께도, 께서는, 께서도, 로는, 로도, 로라도, 서나, 서는, 에게나, 에게는, 에게도, 에겐, 에나, 에는, 에도, 에라도, 에서나, 에서는, 에서도, 에서든지, 에서라도, 에야, 엔, 하고나, 하고도, 한테나, 한테는, 한테도	31
후치사 ①유형	까지를, 까지의, 로서의, 로의, 마다의, 만을, 만의, 만이, 만큼의, 부터가	10
후치사 ②유형	까지나, 까지는, 까지도, 까지야, 로서는, 로서도, 만은, 만큼은, 보다는, 보다도, 부터는, 부터라도	12

㉑교재도 ㉯교재와 마찬가지로 고급으로 갈수록 노출 빈도와 비율이 대체로 높아지고 있으며, 조사 결합 노출 항목수가 77회로 다른 교재들에 비해 가장 많았다. ㉑교재에서는 '로도, 로는, 에도, 에만, 에서도, 에서만'이 문법 항목으로 제시되어 예문과 함께 조사가 결합해서 사용할 수 있다고 설명을 하였다. 나머지 조사 결합에 대해서는 별도로 설명을 하지 않고 있다. ㉰교재와 마찬가지로 ㉑교재에도 '의미격 조사+의미격 조사'의 조사 결합 항목이 나타났으나 ㉠교재와 ㉯교재에는 노출되지 않았다.

위에서 한국 출판 한국어 교재의 조사 결합의 내용을 분석하여 유형별로 정리하였다. 각 교재의 조사 결합 노출 현황 및 문법 항목으로 제시된 조사 결합을 표로 제시하면 아래와 같다.

〈표 4-24〉 한국 출판 한국어 통합교재 내 조사 결합 노출 현황

한국어 교재	조사 결합 노출 항목 수	조사 결합 문법 항목
㉮교재	63	-
㉯교재	74	3
㉰교재	73	2
㉱교재	77	1

<표 4-24>와 같이 한국어 통합교재 내 조사 결합 노출 항목 수는 각각 63회, 74회, 73회, 77회로 적지 않게 노출되고 있다. 그러나 ㉯교재에서 조사 결합 형태인 '만으로는'과 '으로는', '에다가'가 문법 항목으로 제시된 것 외에 ㉰교재 제2권 9과에서 '에서도, 에서만'이 문법 항목으로 제시되면서 '에도, 에만, 로도, 로만'의 형태를 예문과 함께 제시하고 있다. ㉯교재 4권 6과 1항에 제시된 조사 결합 '만으로는'은 본고에서 두 개 이상 결합된 조사 결합을 별도로 다루지 않기 때문에 문법 설명과 예문은 따로 제시하지 않겠다. 또한 일부 교재에서는 단일 조사의 선행 학습이 이루어지지 않은 채 조사 결합 형태가 노출되고 있다. 따라서 ㉯교재와 ㉰교재에 제시된 조사 결합 문법 항목의 문법 설명과 예문을 정리하면 다음과 같다.

[㉯교재의 조사 결합 수록 내용 예_에다가(2권, 8과 1항)]

○ 문법 설명: '에다가' 관용형, 격조사 '에'와 보조사 '다가'가 결합된 형태
이다. 명사와 결합하여 목적어가 놓이는 곳을 나타낸다. '붙
이다, 쓰다, 적다, 넣다, 놓다, 꽂다'등 목적어를 가지는 동사
와 함께 사용한다. '에다가' 대신 '에'로 바꿔 사용할 수 있다.

○ 예문:
• 편지 봉투에다가 주소를 쓰세요.
• 택시에다가 우산을 놓고 내렸어요.
• 크리스마스에는 선물을 양말에다가 넣어요.

[㉰교재의 조사 결합 수록 내용 예_(으)로는(4권, 10과 3항)]

○ 문법 설명: '(으)로'에 '는'이 결합한 복합조사로, 명사 뒤에 붙어 그것
이 근거가 됨을 나타낸다.

○ 예문:
• 제가 듣기로는 그 친구가 북경대학에 합격했다던데요.
• 지금 저희 집 형편으로는 대학에 갈 처지가 못 됩니다.
• 제 판단으로는 그 청년이 이 일에 적합할 것 같습니다.

[㉱교재의 조사 결합 수록 내용 예_에서도, 에서만(2권, 9과)]

○ 문법 설명: 두 개 이상의 조사가 특정 순서에 따라 함께 사용될 수 있다.
그 예로는 '에도, 에만, 에서도, 에서만, (으)로도, (으)로만'
등이다.

○ 예문:
• 가: 약은 편의점에서도 살 수 있어요?
  나: 아니요, 약국에서만 살 수 있어요.
• 가: 이번 휴가 때 경주에만 가요?
  나: 아니요, 부산에도 가요.

> • 가: 호텔 예약은 전화로만 할 수 있어요?
>
> 나: 아니요, 인터넷으로도 할 수 있어요.

[⑭교재의 조사 결합 수록 내용 예_(으)로부터(4B, 16과)]

> ○ 문법 설명: 어떤 상황의 출발점이나 시작되는 대상을 나타낼 때 사용
> 한다. 주로 글이나 공식적인 말하기에서 쓴다.
> ○ 예문:
> • 그는 친구들로부터 많은 사랑을 받았다.
> • 이 집은 부모님으로부터 물려받은 집이다.
> • 여행사 직원으로부터 여행 일정이 바뀌었다는 연락을 받았다.

　한국 출판 한국어 교재 내에 문법 항목으로 제시된 조사 결합을 정리해 보면 단일 조사끼리의 결합이라고 설명을 하는 교재도 있고 복합조사 또는 덩어리 형태로 가르치고 있다는 것이 특징적이다.

　이어서 중국 출판 한국어 교재 내의 조사 결합 노출 항목을 본고에서 분석한 조사 결합 유형에 따라 재정리하면 ⑭교재 내 조사 결합 유형별 분석 결과는 아래와 같다.

〈표 4-25〉 ⑭교재 내 조사 결합 유형별 분석 결과

조사 결합 유형	조사 결합 항목	노출 개수
의미격 ①유형	과의, 로의, 에서의	3
의미격 ②유형	에게로, 에서와	2
의미격 ③유형	로만, 로부터, 에게만, 에까지, 에다, 에만, 에서만, 에서부터, 한테만	9
의미격 ④유형	과는, 과도, 께는, 께서는, 께서도, 로는, 로도, 에게나, 에게는, 에게도, 에겐, 에는, 에도, 에라도, 에서나, 에서는, 에서도, 에서든, 에서라도, 에선, 에야, 엔, 하고는, 하고도, 한테는, 한테라도	26

조사 결합 유형	조사 결합 항목	노출 개수
후치사 ①유형	까지가, 까지의, 로서가, 로서의, 만을, 만의, 만이, 만큼의	8
후치사 ②유형	까지나, 까지는, 까지도, 까지든지, 만은, 만이라도, 만큼이나, 보다는, 보다도, 부터는, 부터라도	11

본 교재에도 앞서 분석한 교재들과 마찬가지로 의미격 ④유형에 해당되는 조사 결합 항목이 가장 많이 노출되고 있으며 그 다음으로는 후치사 ②유형의 조사 결합이 많이 노출되었다. 그리고 의미격 조사 간 결합인 '에서와'가 추가로 노출되었고 그 빈도도 그리 낮지 않은 것으로 나타났다.

㉺교재 내 노출된 조사 결합 항목을 본고에서 분석한 조사 결합 유형에 따라 재정리하면 아래와 같다.

〈표 4-26〉 ㉺ 교재 내 조사 결합 유형별 분석 결과

조사 결합 유형	조사 결합 항목	노출 개수
의미격 ①유형	과의, 에서의	2
의미격 ②유형	에게로, 에서와	2
의미격 ③유형	로만, 로부터, 에까지, 에다, 에만, 에서만, 에서부터, 한테도, 한테만	9
의미격 ④유형	과는, 과도, 께서는, 께서도, 로는, 로도, 에게나, 에게는, 에게도, 에겐, 에는, 에도, 에라도, 에서나, 에서는, 에서도, 에서든, 에서라도, 에선, 에야, 엔, 한테는, 한테라도	23
후치사 ①유형	까지가, 로서의, 만을, 만의, 만이, 만큼의	6
후치사 ②유형	까지는, 까지도, 까진, 만은, 만큼은, 보다는, 보다도, 부터는, 부터라도	9

본 교재도 앞서 분석한 교재들과 마찬가지로 의미격 ④유형에 해당되는 조사 결합 항목이 가장 많이 노출되고 있다. 의미격 ①유형과 의미격 ②유형에 해당하는 조사 결합 항목이 각 2개씩 노출되었다. ⑭교재도 ⑮교재에서와 같이 의미격 ②유형 조사 결합에 '에게로'와 '에서와'가 노출되었다.

지금까지 중국 출판 한국어 교재의 조사 결합의 내용을 분석하여 정리하였다. 따라서 각 교재의 조사 결합 노출 항목 수와 문법 항목으로 제시된 조사 결합을 표로 제시하면 다음과 같다.

〈표 4-27〉 중국 출판 한국어 통합교재 내 조사 결합 노출 현황

한국어 교재	조사 결합 노출 항목 수	조사 결합 문법 항목
⑭교재	68	2
⑮교재	57	6

위 표와 같이 ⑭교재와 ⑮교재에는 총 8개의 조사 결합이 문법 항목으로 제시되었는데 이는 한국 교재와의 차이점이라고 할 수 있다. 이어서 ⑭교재와 ⑮교재에 제시된 조사 결합 문법 항목의 문법 설명과 예문을 정리하면 아래와 같다.

[⑭교재의 조사 결합 수록 내용 예_에다가(초급 상, 23과)]

○ 문법 설명: '에다가' 부사격조사, 장소를 나타내는 '에'와 보조사 '다가'
　　　　　　 가 결합된 형태이며 일정한 위치를 나타내는 격조사이다.
　　　　　　 '다가'에서 '가'는 생략되어 사용할 수 있다.
○ 예문:
· 그럼 여기 서류에다 이름, 주소를 적어 주십시오.

> - 그 책을 사무실 책상 위<u>에다가</u> 놓으십시오.
> - 한국어 문법을 컴퓨터<u>에다</u> 입력합니다.

[ᄜ교재의 조사 결합 수록 내용 예_(으)로는(초급 상, 24과)]

> ○ 문법 설명: '(으)로는'은 부사격조사 '(으)로'와 보조사 '는'이 결합한
>   형태이며 체언과 결합하여 범위를 나타낸다.
> ○ 예문:
> - 우편업무<u>로는</u> 편지와 소포 배달, 꽃 배달 서비스 등의 업무가 있다.
> - 중국의 큰 도시<u>로는</u> 북경, 상해, 광주 등이 있다.
> - 광주의 유명한 대학<u>으로는</u> 중산대학, 화남이공대학 등이 있다.

위 표에서 알 수 있듯이 ᄜ교재는 초급-상 교재에서 두 개의 조사 결합이 문법 항목으로 제시되었고 중급 교재에서는 제시되어 있지 않다. 이어서 ᄜ교재 내 조사 결합 문법 항목을 표로 제시하면 아래와 같다.

[ᄜ조사 결합 수록 내용 예_에도(초급 상, 20과)]

> ○ 문법 설명: '에도'는 '에'와 '도'가 결합되어 만들어진 복합조사이다. 따
>   라서 '에도'는 '에'(시간과 장소)의 뜻과 '도'(포함)의 뜻을
>   모두 나타내고 있다.
> ○ 예문:
> - 중국 사람들은 무더운 여름<u>에도</u> 뜨거운 차를 마십니다.
> - 교실<u>에도</u> 학생들이 많아요.
> - 겨울<u>에도</u> 춥지 않아요.

[⑭교재의 조사 결합 수록 내용 예_에다가(초급 상, 22과)]

○ 문법 설명: 체언과 결합하여 추가를 나타낸다. 뒤에 보통 '적다, 쓰다, 놓다, 넣다, 걸다'와 같은 동사가 결합한다. '에다가'에서 '가'와 '다가'는 생략이 가능하다.

○ 예문:
- 여기에다 사인해 주시면 됩니다.
- 가방을 책상 위에다 놓으세요.
- 이 그림을 벽에다가 거세요.

[⑭교재의 조사 결합 수록 내용 예_(으)로부터(중급 상, 3과)]

○ 문법 설명: '에도'는 '에'와 '도'가 결합되어 만들어진 복합조사이다. 따라서 '에도'는 '에'(시간과 장소)의 뜻과 '도'(포함)의 뜻을 모두 나타내고 있다.

○ 예문:
- 삼복은 하지로부터 열흘 간격으로 초복, 중복, 말복을 가리킨다.
- 지금으로부터 약 백여 년 전에 일어난 일입니다.
- 그가 말한 때로부터 이미 10년이 흘렀다.

[⑭교재의 조사 결합 수록 내용 예_(으)로는(중급 상, 14과)]

○ 문법 설명: 체언 또는 명사형 어미 '-기'와 결합하여 중국어로 "至于......", "对......而言"의 뜻을 나타낸다.

○ 예문:
- 내 생각으로는 오늘은 쉬는 게 좋겠어.
- 부지런하기로는 철수를 따를 사람이 없을 거다.
- 우리 반에서 한국어 글짓기를 잘하기로는 영수만한 학생이 없다.

[㉮교재의 조사 결합 수록 내용 예_만큼은(중급 상, 15과)]

○ 문법 설명: 체언 + 만큼은 체언과 결합하여 한도, 정도를 나타낸다.
○ 예문:
• 크리스마스<u>만큼은</u> 특별하게 보내고 싶죠?
• 이 일<u>만큼은</u> 정말 잘했어.
• 오늘<u>만큼은</u> 우리 공부하지 맙시다.

[㉮교재의 조사 결합 수록 내용 예_(으)로서의(중급 하, 12과)]

○ 문법 설명: '(으)로서의'는 자격, 신분을 나타내는 조사 '(으)로서'와 속
격조사 '의'와 결합된 형태이다. 체언과 결합하여 중국어로
"作为......的"의 뜻을 나타내며 뒤에 오는 체언을 수식한다.
○ 예문:
• 결혼하면 가장<u>으로서의</u> 책임감도 더 강해진다.
• 국민<u>으로서의</u> 권리를 잊지 마세요.
• 그저 교사<u>로서의</u> 책임과 의무를 다 했을 뿐입니다.

㉮교재에서는 조사 결합 항목이 두 개 제시되었고 ㉯교재에서는 위의 표와 같이 6개 조사 결합이 문법 항목으로 제시되었다. '에다가'는 두 교재에 모두 같은 의미의 문법 항목으로 제시되었고 '(으)로는' 조사 결합이 두 교재에서 모두 문법 항목으로 제시되었으나 용법이 서로 다르게 제시되었다. 이처럼 중국 출판 한국어 교재에서는 조사 결합을 문법 항목으로 제시하여 가르치고 있었다.

두 교재의 공통점은 조사 결합이 어떤 조사들이 결합해서 구성되었는지를 설명하고 있다는 점과 이를 예문으로 제시하고 있다는 것이다. ㉮교재에서는 형태 정보에 대해서만 설명하고 있다. 그러나 ㉯교재는 형태 정보와 함께 해당 단어가 어떤 상황에서, 어떤 기능으로 사용되

는지에 대한 화용정보도 포함하고 있다. 또한 ⑪교재는 해당 단어와 대응되는 중국어 표현도 상세하게 설명하고 있다는 것이 특징이다.

　이어서 앞서 정리한 한국어 통합교재 6종 분석 결과를 종합하여 정리하면 아래 표와 같다.

〈표 4-28〉 한국어 교재의 조사 결합 노출 현황

조사 결합 유형	㉮교재	㉯교재	㉰교재	㉱교재	㉲교재	㉳교재
의미격 ①유형	3	3	2	3	3	2
의미격 ②유형	-	-	1	1	2	2
의미격 ③유형	8	9	10	11	9	9
의미격 ④유형	28	28	32	31	26	23
후치사 ①유형	4	8	8	10	8	6
후치사 ②유형	11	14	11	12	11	9

　〈표 4-28〉에서 알 수 있듯이 한국어 교재 6종 모두 의미격 ④유형(에는, 에서는, 에도, 에서도 등)의 조사 결합이 가장 많이 노출되었으며 그 다음은 후치사 ②유형(까지는, 까지도, 보다는, 부터는 등)에 속하는 조사 결합 형태이다. 각 교재에 공통적으로 가장 적게 노출된 조사 결합은 의미격 ②유형(에게로, 에서와)이다.

　마지막으로 국제통용 한국어 표준 교육 모형(4단계)에서 제시된 조사 결합 목록을 본고의 조사 결합 유형에 따라 분류하면 다음과 같다.

〈표 4-29〉 국제통용 한국어 표준 교육 모형(4단계)의 조사 결합 유형별 분석 결과

조사 결합 유형	조사 결합 항목	노출 개수
의미격 ②유형	에게로	1
의미격 ③유형	에다가, 에서부터, 으로부터	3

지금까지 한국 국내 한국어 교재와 중국 출판 교재의 조사 결합 내용 분석 결과와 국제통용 한국어 표준 교육 모형(4단계)의 조사 결합 목록을 정리하였다. 그 가장 큰 특징은 각 교재마다 60개 이상의 조사 결합 항목이 노출되고 있으나 조사 결합에 대해 명시적으로 설명한 교재는 중국 출판 두 종류의 교재 외에 다른 교재에는 거의 없었다는 것이다. 또한 조사 결과 중국인 KFL 학습자들은 교재에서 다양한 조사 결합 형태들을 접하나, 특정 조사 결합 외의 나머지 조사 결합은 그 빈도수가 낮고 구체적인 문법 항목으로의 제시가 없는 등 명시적으로 다루고 있지 않았다. 심지어 각 교재에서는 많은 단일 조사들이 '문법' 항목으로 교육되지 않는다는 것을 알 수 있었다. 한국 국내 한국어 교재와 중국 출판 한국어 교재 분석 결과를 토대로 아래와 같이 정리할 수 있다.

첫째, 각 한국어 교재에는 별도로 조사 결합 목록을 제시하여 체계적으로 가르치지 않고 있다. 모든 내용을 한국어 교재를 통해 학습하는 외국인 학습자들은 교재의 본문이나 예문에 노출된 조사 결합 항목을 단지 단일 조사로 이해하고 특정 조사 결합만 사용하고 있다. 이는 앞서 분석한 조사 결합 사용 양상에서 알 수 있다. 또한 조사 결합 교육이 별도로 필요하다고 하였으나 교재에서 문법 항목으로 제시하지 않으면 교사들은 강의를 하지 않기 때문에 학습자들은 정확하게 습득하지 못한다. 따라서 한국어 교재에 조사 결합 항목을 별도로 제시하고 체계적으로 설명을 하는 것이 좋다고 생각된다.

둘째, 조사 또는 조사 결합 교육은 한국어 교육에서 아주 중요하지만 각 교재에서 조사의 교육은 문법 항목으로 제시하여 체계적으로 하고 있음에도 불구하고 학습자들은 모국어의 영향으로 오류를 자주 범하게 된다. 마찬가지로 조사 결합도 일상생활에서 자주 사용되는 문법이고 함부로 생략을 하면 맥락이 어색해지므로 별도로 교육을 해야 한다. 조사 결합 교육을 진행하려면 우선 교재에서 조사 결합에 대해 명시적으로 제시하고 교사들로 하여금 가르치게 해야 한다.

셋째, 한국 통합 교재에서는 70개 이상의 조사 결합이 본문이나 예문에 노출되고 있으나 두 교재에만 조사 결합이 문법 항목으로 제시되었고 나머지 두 교재에서는 조사 결합에 대한 상세한 설명이 없었다. 반면 중국 교재에는 조사 결합이 문법 항목으로 제시된 부분을 많이 찾아볼 수 있다. 중국인 KFL 학습자들에게 조사 결합에 대해 정확하게 체계적으로 교육을 하려면 우선 교재에 조사 결합을 문법 항목으로 제시하거나 명시적인 설명을 추가해야 한다.

넷째, 국제통용 한국어 표준 교육 모형(4단계)에서는 의미격 ②유형에 속하는 조사 결합 '에게로'를 2급에서 가르쳐야 한다고 제시되어 있으나 앞서 분석한 한국 국내 출판 한국어 교재 중에서는 '에게로'에 대해 명시적으로 설명하지 않았다. 다만 ㉲교재와 ㉴교재의 듣기 지문이나 읽기 지문 등 텍스트에 노출되었다.

다섯 째, 중국인 KFL 학습자의 조사 결합 오류 분석 결과 중국인 KFL 학습자들은 조사 결합의 사용을 어려워한다. 그래서 한국어 교재를 조사하였는데 그 결과 한국어 교재에서 조사 결합을 명시적으로 가르치지 않고 있다. 한국에서 출판된 교재에서는 조사 결합을 다루지 않고 있고 직접적으로 설명을 하지 않고 있고 중국에서 출판된 교재에서는 일부 설명하고 있었다. 그런데 직접적으로 설명을 하지 않고 있으나 각 교재에서 듣기 지문이나 읽기 지문이나 모든 텍스트에서 조사 결합이 안 나오는 것은 아니었다. 실제로 조사를 해 보니

각 유형별로 다양하게 노출되어 있으나 조사 결합을 문법 항목으로 제시하지 않고 있었다.

위에서도 잠깐 언급하였다시피 중국 내 한국어 교사들은 개개인의 학습자들을 다 돌볼 수 없다. 즉 중국인 KFL 학습자들이 한국어를 배우는 과정에서 나타나는 오류를 그때그때 수정해 줄 수 없으며 오류가 나타날 수 있는 모든 가능성을 수업 시간에 강의할 수도 없다. 그러므로 중국인 KFL 학습자들이 오류가 나타나기 쉬운 조사나 조사 결합에 대해 체계적으로 정리하여 교재나 보충 교재 또는 블랙보드에서 제시하여 준다면 중국인 KFL 학습자들이 한국어 공부를 할 때 더욱 정확하게 이해하고 보다 명확하게 해당 조사 결합을 사용할 수 있을 것이다.

3. 한국어 교사의 조사 결합 교육 양상 조사 결과

본 연구의 궁극적인 목표는 중국인 KFL 학습자들에게 적합한 한국어 조사 결합 교육을 진행하는 것이다. 중국인 KFL 학습자들 특히 외국어로서 한국어를 학습하는 학습자들은 한국어 교재와 한국어 교사를 통해 한국어 지식을 학습하게 된다. 따라서 한국어 교재뿐만 아니라 한국어 교사들도 한국어 교육에서 아주 중요한 역할을 한다고 할 수 있다.

중국인 KFL 학습자들은 한국어 언어 환경이 아닌 중국 현지에서 한국어를 학습하고 있기 때문에 한국어에 관련된 모든 수업을 한국어 교사의 강의를 통해 학습한다. 그러므로 중국인 KFL 학습자의 조사 결합에 대한 오류의 원인을 교사에게서도 찾을 수 있다고 본다. 이에 본 절에서는 앞서 실시한 한국어 교사 대상조사 결합 교육 양상 설문에 관한 결과를 아래와 같이 정리하고자 한다.

가. 한국어 조사 결합의 중요성

[문항1] 한국어 교육에서 조사 결합 교육이 중요하다고 생각하십니까?

〈표 4-30〉 '조사 결합 교육의 중요성'에 대한 응답 결과

번호	선택사항	응답자 수	비율
①	매우 많이 필요하다	14	51.85%
②	많이 필요하다	7	25.93%
③	보통이다	5	18.52%
④	조금 필요하다	1	3.7%
⑤	전혀 필요하지 않다	0	0%

'문항1'은 한국어 교육에서 조사 결합 교육의 중요성을 묻는 설문이다. 한국어 교육에서 조사 결합 교육의 중요성을 묻는 질문에 14명 즉 51.85%의 교사가 '매우 많이 필요하다'를 선택하였으며 '많이 필요하다'로 답한 응답자도 7명으로 25.93%를 차지하고 있다. 반면 '전혀 필요하지 않다'라고 생각하는 교사는 단 한 명도 없었다. 설문 결과에서 알 수 있다시피 한국어 교사의 77.78%나 되는 교사들이 한국어 교육에서 조사 결합 교육이 중요하다고 응답하였다.

[문항2] 한국어 교육에서 조사 결합 교육이 중요하다고 생각하신다면 그 이유는 무엇입니까?

<표 4-31> '조사 결합 교육이 중요한 원인'에 대한 응답 결과

번호	선택사항	응답자 수	비율
①	조사 결합이 중국어에는 없는 규칙이기 때문에	3	11.11%
②	조사 결합이 한국어에서 자주 나타나고 많이 사용되는 문법 범주이기 때문에	8	29.63%
③	한국어 조사 결합을 잘 사용하면 더 정확하고 유창한 의미를 전달할 수 있기 때문에	6	22.22%
④	학생들이 문맥을 제대로 파악하고 정확하게 사용할 수 있기 위한 기반을 마련할 수 있기 때문에	9	33.33%
⑤	기타 (①-④까지 모두 이유라고 생각함)	1	3.7%

　　한국어 교육에서 조사 결합이 중요하다고 생각하는 이유에 대해서는 조사 결합이 조사와 마찬가지로 한국어 문맥을 제대로 파악하고 정확하게 사용할 수 있기 위한 기반을 마련해 주는 필수 요소이므로 중요하다고 응답한 교사가 9명으로 전체의 33.33%를 차지하였다. 그 다음으로 조사 결합이 한국어에서 자주 나타나고 많이 사용되는 문법 범주이기 때문에 반드시 조사 결합 교육을 해야 한다고 생각하는 교사가 29.63%를 차지하고 있다.

나. 한국어 조사 결합 교육 여부

[문항3] 한국어 교육 현장에서 조사 결합을 가르치신 적이 있습니까?

<표 4-32> '조사 결합 교육 여부' 응답 결과

번호	선택사항	응답자 수	비율
①	네	22	81.48%
②	아니요	5	18.52%

응답자의 22명 즉 81.48%를 차지하는 교사들이 한국어 교육 현장에서 조사 결합을 가르친 적이 있다고 답하였다.

다. 한국어 조사 결합 교육 방법

[문항4] 한국어 조사 결합을 가르친다면 주로 어떻게 가르치십니까?

〈표 4-33〉 '조사 결합 교육 방법' 응답 결과

번호	선택사항	응답자 수	비율
①	조사 결합의 순서와 방법을 별도로 상세히 가르친다.	12	44.44%
②	작문 과제 등에서 오류가 나올 경우 수정해 주면서 제한적으로 가르친다.	7	25.93%
③	읽기나 듣기 등의 지문에서 조사 결합이 나오면 짧게 언급한다.	8	29.63%
④	학생이 질문할 경우에만 가르친다.	0	0%
⑤	기타	0	0%

전체 응답자의 44.44%를 차지하는 교사들이 조사 결합의 순서와 방법을 별도로 상세히 가르친다고 답하였다. 이는 앞서 학생들이 선생님으로부터 조사 결합을 배운 적이 있다는 답변과 일치한 것으로 나타났다. 또한 25.93%의 교사들이 작문 과제 등에서 오류가 나올 경우 수정해 주면 서 제한적으로 가르친다고 답하였고 29.63%를 차지하는 교사들은 읽기나 듣기 등의 지문에서 조사 결합이 나오면 짧게 언급한다고 하였다.

라. 한국어 조사 결합 미 진행 원인

[문항5] 한국어 조사 결합을 많이 안 가르친다면 그 이유는 무엇입니까?

〈표 4-34〉 '조사 결합 교육 미 진행 원인' 응답 결과

번호	선택사항	응답자 수	비율
①	교재에서 조사 결합만을 중요하게 다루지 않기 때문에	5	18.52%
②	내가 조사 결합의 순서와 방법에 대해 정확히 모르기 때문에	0	0%
③	조사 결합이 중요하나 굳이 별도로 가르칠 필요가 없기 때문에	7	25.93%
④	조사 결합에 대해서 상세하게 가르치면 학생들이 부담을 느끼기 때문에	12	44.44%
⑤	기타	3	11.11%

조사 결과에서 알 수 있다시피 한국어 조사 결합을 안 가르치는 이유를 학생들이 부담을 느낄 수 있기 때문이라고 답하였으며 총 응답자 수는 12명으로 44.44%를 차지하였다. 그 다음으로 조사 결합을 중요하게 생각하나 굳이 별도로 가르칠 필요가 없고 응답한 교사와 교재에서 조사 결합만을 중요하게 다루지 않기 때문에 가르치지 않는다고 응답한 교사가 각각 25.93%, 18.52%를 차지하고 있다. 마지막으로 내가 조사 결합의 순서와 방법에 대해 정확히 모르기 때문에 가르치지 않는다고 답한 교사는 단 한 명도 없었다. 이는 한국어 교사들은 한국어 문법에 대해 전문적인 교육을 받았기 때문이라고 할 수 있다. 그리고 기타에서 이미 알고 있는 조사라면 학습자들은 기존 언어 지식으로 스스로 조사 결합의 구조 및 의미 파악이 가능하기 때문에

따로 가르치지 않는다고 답한 교사도 있었다. 그리고 조사 결합을
직관적으로 쓰기는 하지만 어떤 규칙이 있는지 체계적으로 설명하기
에는 조금 부담이 되어서 가르치지 않는다고 응답한 교사도 있었다.

마. 한국어 조사 결합의 기본 규칙

> [문항6] 조사가 어떤 방식으로 결합하는지, 어떤 조사들끼리 결합하는지
> 에 대해서 어느 정도 알고 있습니까?

〈표 4-35〉 '조사 결합 기본 규칙' 응답 결과

번호	선택사항	응답자 수	비율
①	아주 잘 안다	11	40.74%
②	조금 안다	7	25.93%
③	보통이다	8	29.63%
④	조금 모른다	1	3.7%
⑤	전혀 모른다	0	0%

조사가 어떤 방식으로 결합하는지, 어떤 조사들끼리 결합하는지
등 조사의 결합 규칙을 묻는 질문에서는 '아주 잘 안다'로 응답한
교사는 총 11명으로 40.74%를 차지하였다. 그리고 '보통이다'가 다음
으로 29.63%를 차지하였으며 '조금 안다'라고 응답한 교사는 7명으로
25.93%를 차지하였다. 대부분의 한국어 교사들이 조사 결합의 결합
원리에 대해 '조금 안다, 아주 잘 안다'라고 응답하였다. 이는 위에서
언급하였다시피 한국어 교사가 되기 위한 전문적인 교육을 체계적으
로 받았기 때문인 것으로 보인다. 그러므로 한국어 조사 결합 교육을
충분히 할 수 있는 자격을 지니고 있다고 본다. 반면 일부 교사의

경우 '조사 결합을 직관적으로 사용은 하지만 조사 결합의 규칙과 함께 할 수 있는 조사 결합과 조사 결합 순서에 대해 체계적으로 설명하기에는 부담이 된다.'라고 응답한 교사도 있었다.

바. 한국어 조사 결합 교육의 필요성

[문항7] 한국어 수업에서 조사 결합 교육이 어떻게 이루어져야 된다고 생각하십니까?

'문항 7'은 한국어 수업에서 조사 결합 교육이 어떻게 이루어져야 하는지에 관한 설문이다. 조사 결과는 다음 표와 같다.

〈표 4-36〉 '조사 결합 교육의 필요성' 응답 결과

번호	선택사항	응답자 수	비율
①	중요하긴 하나 학습자의 질문 등 필요시에만 다루는 게 좋다.	2	7.41%
②	학생의 오류가 있을 경우에 수정하며 간단히 가르치는 게 좋다.	7	25.93%
③	교재(듣기나 읽기 본문 등)에 등장할 경우에 간단히 설명하는 게 좋다.	16	59.26%
④	조사 결합 교육을 위해 별도로 시간을 내어 상세히 가르치는 게 좋다.	2	7.41%
⑤	기타	0	0%

조사 결과를 보면 교재에 등장할 경우 간단히 설명하는 게 좋다고 응답한 교사가 총 16명으로 59.26%를 차지하였으며 그 다음은 학생의 오류가 있을 경우에 수정하며 간단히 가르치는 게 좋다고 응답한 교

사가 25.93%를 차지하였다. '학습자의 질문 등 필요시에만 다루는 게 좋다.'와 '조사 결합 교육을 위해 별도로 시간을 내어 상세히 가르치는 게 좋다.'라고 응답한 교사가 각각 7.41%를 차지하였다. 이 결과는 앞서 조사 결합을 가르치는 방법에서 44.44%의 교사가 '조사 결합의 순서와 방법을 별도로 상세히 가르친다.'고 한 결과와 모순이 된다고 이해할 수 있다. 실제로 조사 결합에 대해 구체적으로 가르치고 있고 하였으나 조사 결합의 앞으로의 교육 방향을 묻는 질문에는 교재에 등장할 경우 간단히 설명하는 게 좋다고 답하였다. 이는 앞으로 조사 결합 교육에 대해 고민해 봐야 할 부분이라고 생각된다.

사. 한국어 조사 결합 교육을 위한 보조 자료 필요 여부

[문항1] 한국어 조사 결합 교육을 위해서 선생님들에게 제공되었으면 하는 것이 무엇입니까?

〈표 4-37〉 '조사 결합 교육을 위한 보조 자료 필요 여부' 응답 결과

번호	선택사항	응답자 수	비율
①	교사를 대상으로 하는 전문 훈련프로그램 및 연수	4	14.18%
②	조사 결합에 대해 잘 설명된 교재 및 지침서	14	51.85%
③	한국어 교사들의 정기적인 워크숍/세미나	3	11.11%
④	조사 결합에 관한 좋은 활동지	6	22.22%
⑤	기타	0	0%

조사 결과에서 알 수 있다시피 14명 즉 51.85%나 되는 교사들이 한국어 조사 결합 교육을 위해서는 조사 결합에 대해 잘 설명된 교재 및 지침서가 제공되었으면 한다고 응답하였다. 그리고 조사 결합에

관한 좋은 활동지가 필요하다고 답한 교사는 6명으로 22.22%를 차지하였고 교사를 대상으로 하는 전문 프로그램 및 연수가 필요하다고 응답한 교사와 한국어 교사들의 정기적인 워크숍을 했으면 하는 교사가 각각 14.18%, 11.11%를 차지하였다.

중국 현지 비원어민 한국어 교사를 대상으로 진행한 조사 결합 교육 양상 설문 조사 결과를 아래와 같이 요약할 수 있다.

첫째, 비원어민 한국어 교사들은 한국어 교육에서 조사 결합 교육이 아주 중요하다고 생각하며 교재의 듣기나 읽기 지문으로 출현하였을 때 한 번씩은 다루고 있다는 것을 알 수 있었다. 그러나 교재에서 조사 결합만을 명시적으로 다루고 있지 않기 때문에 안 가르치고 있다고 답하였다. 또한 중국 교재의 경우 한 과목당 5개 이상 문법 항목이 제시되어 있기 때문에 해당 문법을 강의하면 교재에서 별도로 다루지 않고 있는 조사 결합에 대해 가르칠 여유가 없는 것으로 판단된다.

둘째, 한국어 교사들은 한국어 조사 결합이 중요하다고 생각하나 많이 안 가르치는 가장 큰 이유로 조사 결합에 대해서 상세하게 가르치면 학생들이 부담을 느낄 수 있다는 것을 알 수 있었다. 앞서 잠깐 언급하였다시피 중국 출판 한국어 교재는 한 과목당 문법 항목이 5개 이상으로 구성되어 있다. 80분 수업 동안 어휘, 본문 그리고 교재 문법을 위주로 강의한다. 학습자들은 이러한 내용을 이해하고 습득하는 데도 어려움을 느끼고 있는데 교재에서 별도로 다루지 않는 조사 결합까지 상세히 가르치면 부담을 느끼기 마련이다. 그러나 조사 결합 교육을 별도로 하지 않으면 조사 결합을 사용하지 않고 전략적으로 회피하는 현상이 나타날 수 있고 사용한다 하더라도 오용하는 경우가 있을 수 있다.

셋째, 한국어 조사 결합 교육을 위해서 교사들에게 제공되었으면 하는 것은 조사 결합에 대해 잘 설명된 교재 및 지침서라고 답하였다. 이 또한 한국어 교사들은 조사 결합 교육을 중요하게 생각하고 있다는 것을 알 수 있다. 한국어 교사들은 한국어의 모든 내용을 상세히 가르쳐서 학생들로 하여금 잘 습득하고 활용하여 원어민 화자와의 의사소통에서 어려움을 느끼지 않도록 하는 데 목적을 두고 있다. 그러나 조사 결합에 대해 잘 설명된 교재나 지침서가 없으면 참고할 자료가 부족하기 때문에 제대로 가르치지 못할 수도 있다. 그러므로 조사 결합에 대해 잘 설명된 교재 및 지침서는 반드시 마련되어야 한다고 생각된다.

지금까지의 결과를 바탕으로 첫째, 각 한국어 교재의 조사 결합 노출 현황을 보면 의미격 ④유형 조사 결합이 가장 많고 의미격 ②유형이 가장 적다. 또한 조사 결합 사용 양상 오류를 살펴보면 의미격 ②유형의 오류가 가장 많이 나타났고 의미격 ④유형 조사 결합 오류가 가장 적게 나타났다. 이러한 결과에서 교재에 많이 노출되는 조사 결합에 대해서는 학습자들이 이해하고 정확하게 사용할 수 있다는 알 수 있다.

둘째, 중국인 KFL 학습자들은 조사 결합에 순서에 대해 조금 안다고 하였으나 실제 조사 결합 사용 양상에서는 결합 오류를 많이 범하였다. 학습자들은 그 이유를 조사 결합이 중국어에는 없는 규칙이기 때문에 습득 및 활용이 어렵고 교재에서 조사 결합에 대해 명시적으로 제시되어 있지 않고 설명도 충분하지 않다. 그러므로 한국어 교사는 조사 결합에 대해 강의를 하지 않고 따라서 학습자들은 제대로 배우지 못하고 있다.

　셋째, 조사 결합 사용 시 오류를 적게 범하기 위하여 아는 조사 결합만을 사용하거나 조사 결합을 사용하지 않고 단일 조사만 사용한다고 응답한 학습자가 과반수이상이었고 조사 결합을 회피한다고 응답한 학습자가 11명밖에 되지 않았으나 실제 사용 양상에서는 조사 결합을 사용하지 않는 누락 오류가 가장 많이 나타났다. 이는 한국어 학습자들이 조사 결합에 대해 제대로 습득을 하지 못하였으므로 오류를 피하기 위해 회피한 것으로 보인다.

　넷째, 학습자들은 한국어 학습에서 조사 결합 교육이 많이 필요하다고 하였고 한국어 교사 또한 한국어 조사 결합 교육이 아주 중요하다고 하였다. 그러나 한국어 교재에서 조사 결합에 대해 명시적으로 제시하지 않고 있기 때문에 조사 결합에 대한 강의 및 학습이 충분히 이루어지지 못하고 있는 상황이다. 또한 한국어 교재 분석 결과 다양한 조사 결합이 듣기나 읽기 지문에 노출되어 있으나 조사 결합에 대해 충분한 설명을 하지 않는다. 그러므로 학습자들은 조사 결합을 체계적으로 습득하지 못하고 사용할 때 오류를 범하거나 전략적으로 회피하는 경향을 보이고 있다.

　위와 같은 결과에서 알 수 있듯이 조사 결합 교육은 한국어 교육에서 반드시 진행되어야 한다. 아울러 본고에서는 이상의 논의를 종합하여 조사 결합 교육 순서와 교육 절차를 정하여 중국인 KFL 학습자를 위한 조사 결합 교육을 진행하고자 한다. 그리고 한국어 교사들은 조사 결합에 대해 상세히 가르치고 조사 결합 관련 교재나 지침서를 활용하여 활동지를 대량 집필하여 중국인 KFL 학습자들에게 제공해야 한다.

V. 중국인 KFL 학습자를 위한 한국어 조사 결합 교육 방안

1. 한국어 조사 결합의 교육 순서

앞서 진행한 중국인 KFL 학습자들의 조사 결합 인식 조사, 조사 결합 사용 양상 조사에서 중국인 KFL 학습자들은 조사 결합 사용을 어려워하고 사용에 있어서 회피하는 경향, 그리고 조사 결합의 원리나 순서를 제대로 이해하지 못한 채 사용하고 있다는 결과가 나타났다. 이러한 결과가 나타난 이유를 찾고자 한국어 통합 교재 내 조사 결합 현황을 살펴보았고 중국 현지 비원어민 한국어 교사 대상으로 조사 결합 교육 양상 조사를 진행해 보았다. 그 결과 한국어 교재에는 조사 결합에 대해 명시적으로 설명을 하지 않았고 한국어 교사들도 조사 결합에 대해 별도로 가르치지 않는다고 하였다. 이는 중국인 KFL 학습자들이 조사 결합 오류를 범하는 것은 한국어 교재와 한국어 교사의 영향도 있다는 것을 반증한다.

이와 같은 연구의 결과를 토대로 본 절에서는 중국인 KFL 학습자를

위한 조사 결합 교육 방안을 제안하고자 한다. 우선 앞서 4.1장에서의
중국인 KFL 학습자의 조사 결합 사용 양상 오류 분석 결과를 바탕으
로 중국인 KFL 학습자들이 어떤 유형의 조사 결합을 가장 어려워하고
어떤 유형의 조사 결합을 쉽다고 생각하는지 난이도에 따라 정리하고
자 한다. 따라서 중국인 KFL 학습자들의 조사 결합 유형별 전체 오류
를 제시하면 [그림 2]와 같다.

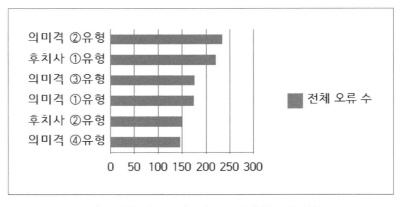

[그림 2] 중국인 KFL 학습자의 조사 결합 오류 현황

[그림 2]에서 보시다시피 중국인 KFL 학습자들의 조사 결합 오류
분석 결과에서 의미격 ②유형 즉 의미격 조사끼리의 결합에서 가장
많은 오류가 나타났고 의미격 ④유형 즉 의미격 조사와 첨사의 결합에
서 오류가 적게 나타났다. 위 결과에서 알 수 있듯이 중국인 KFL
학습자들은 의미격 ②유형을 가장 어려워하고 의미격 ④유형의 결합
형태는 어느 정도 인지하고 정확하게 산출해 낼 수 있다는 것을 알
수 있다.

한국에서 출판된 한국어 교재 4종과 중국 출판 한국어 교재 2종을 분석한 결과 의미격 ④유형의 조사 결합이 가장 많이 노출되었으며 그 다음은 후치사 ②유형, 그리고 의미격 ③유형의 순으로 노출되었다. 반면 각 교재에서는 의미격 ②유형의 조사 결합이 아예 노출되지 않았거나 1, 2회 정도밖에 노출되지 않았다. 그 결과는 다음과 같다.

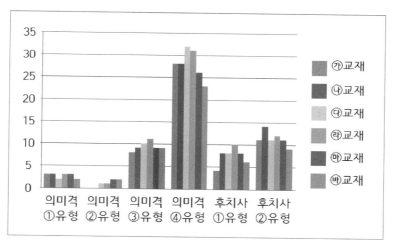

[그림 3] 한국어 교재의 조사 결합 분석 결과

앞서 결과를 종합적으로 정리할 때 해당 조사 결합이 한국어 교재에 많이 노출될수록 학습자들이 정확하게 습득을 하고 있고 오류도 가장 적게 범한다고 하였다. 그리고 한국어 교재에 거의 노출되지 않고 있는 조사 결합 유형의 사용에 있어서는 많은 오류를 보이고 있다고 밝힌 바 있다. 즉 많이 접한 조사 결합 형태를 가장 쉽게 이해하고 사용할 수 있으며 교재에서 거의 접하지 못한 조사 결합을 가장 어려워한다는 것이다. 이는 교사가 별도로 강의를 하지 않았으나 교재의 예문이나 읽기 지문에서의 사용을 많이 접했기 때문이라고 할 수 있다.

이를 바탕으로 위에서 제시한 중국인 KFL 학습자의 조사 결합 오류 양상 분석 결과와 한국어 교재 6종에서의 조사 결합 노출 현황 그리고 국제통용 한국어 표준 교육 모형(4단계)의 등급별 조사 목록을 종합적으로 분석하여 중국인 KFL 학습자를 위한 조사 결합 교육 순서를 [그림 4]와 같이 도출할 수 있다.

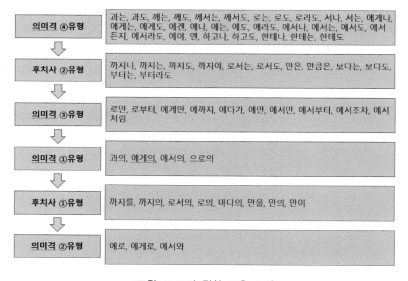

[그림 4] 조사 결합 교육 순서

[그림 4]의 조사 결합 교육 순서는 앞서 밝힌 바와 같이 중국인 KFL 학습자의 조사 결합 오류와 한국어 통합교재의 조사 결합 노출 빈도, 그리고 국제통용 한국어 표준 교육 모형(4단계)의 조사 목록을 종합적으로 분석하여 설정하였다. [그림 2]에서처럼 조사 결합 오류

빈도는 의미격 ②유형이 가장 높고 의미격 ④유형에서 오류가 가장 적게 나타났다. 또한 교재에서의 조사 결합 노출 빈도를 살펴본 결과 [그림 3]에서와 같이 의미격 ④유형이 가장 많이 노출되었고 의미격 ②유형의 조사 결합 형태가 가장 적게 노출되었다. 즉 중국인 KFL 학습자들은 의미격 ④유형을 가장 쉽고 정확하게 사용할 수 있고 의미격 ②유형을 가장 어려워하고 많이 회피한다는 것을 알 수 있다. 그리고 후치사 ②유형도 한국어 교재에 많이 노출된 만큼 학습자들이 의미격 ④유형 다음으로 정확하게 사용할 수 있는 결합 유형이라는 것을 알 수 있다.

국제통용 한국어 표준 교육 모형(4단계)에서 의미격 ③유형에 속하는 '에서부터, 에다가, 으로부터'를 2급에서 가르쳐야 한다고 목록을 정하였다. 중국 출판 한국어 교재에서는 '에다가'와 '으로부터' 조사 결합을 문법 항목으로 제시하여 가르치고 있었으나 한국어 교재에서는 이러한 조사 결합을 명시적으로 제시하지 않고 있다. 따라서 본고에서는 후치사 ②유형 다음으로 의미격 ③유형을 가르치고자 한다. 의미격 ①유형과 후치사 ①유형에 속하는 조사 결합은 국제통용 한국어 표준 교육 모형(4단계)에서의 등급을 봤을 때 모두 2급에 속하는 조사 결합들이다. 때문에 중국인 KFL 학습자의 조사 결합 사용 오류 빈도를 기준으로 순서를 정하였으며 그 순서는 오류가 적게 나타난 의미격 ①유형에 속하는 조사 결합부터 가르치려고 한다.

본고는 중국인 KFL 학습자의 조사 결합 사용 능력을 교육 내용의 중심으로 삼으려고 하나 조사 결합의 인식 및 이해도 필수의 교육 내용으로 다루고자 한다. 그리고 앞서 학습자의 조사 결합 오류 분석 결과와 한국어 교재의 조사 결합 노출 빈도 분석 결과를 통해 오류를 적게 범하는 결합 유형이 바로 교재에 가장 많이 노출되었던 조사 결합 형태라는 것을 알 수 있었다. 따라서 본 연구에서는 조사 결합의 난이도 순서 및 한국어 교재의 노출 빈도 아울러 국제통용 한국어 표준 교육 모형의 조사 목록 등급에 따라 앞서 제시한 교육 절차를 바탕으로 조사 결합 교육 내용을 설계하고자 한다.

2. 조사 결합의 교육 내용 및 절차

중국인 KFL 학습자들은 한국어 조사 결합 사용에 있어서 적지 않은 오류를 범하고 있다. 예를 들면 조사 결합을 사용해야 할 자리에 단일 조사를 대체하여 사용하는 누락 오류, 조사 결합 순서를 틀리게 사용하는 결합 순서 오류를 자주 범한다. 그리고 서로 결합이 가능하지 않는 조사를 결합하여 사용하는 첨가 오류 등 다양한 오류를 범하고 있다. 중국인 KFL 학습자들의 이러한 오류를 줄이고 조사 결합을 더 정확하게 사용할 수 있게 하려면 중국인 KFL 학습자들에게 실질적으로 도움이 되는 타당한 조사 결합 교육 방안이 마련되어야 한다.

조사 결합의 결합 원리 및 규칙은 국어학 연구에서 다양한 논의가 진행된 만큼 다루기 어려운 부분이다. 더욱이 한국어 조사 결합은 그 개수가 많고 조사 간의 결합이 비교적 다양하기 때문에 중국인 KFL 학습자들이 조사 결합의 결합 원리나 순서를 제대로 파악하기 어렵다. 앞서 한윤정(2010)에서는 한국어 교육 현장에서 두 개 또는 두 개 이상의 조사가 결합하여 사용되는 사실을 먼저 교육하여야 하며 학습자들에게 조사 결합의 기본 구성 원리를 가르쳐 주는 것이 도움이 된다고 제시한 바 있다.

중국인 KFL 학습자를 위한 효과적인 조사 결합 교육 방안을 제시하기 위해 먼저 조사 결합 교육의 내용을 정리할 필요가 있다. 본고에서는 2장 이론적 배경에서의 조사 결합의 유형 및 특성을 대상으로 삼아 중국인 KFL 학습자의 조사 결합 인식 양상과 사용 오류 양상을 살펴보았으며 연구 분석 결과에서 다음과 같은 결론을 도출할 수 있다.

첫째, 중국인 KFL 학습자 대부분이 조사 결합 사용 능력이 부족하였고 조사 결합 사용에 있어서 회피하는 문제점이 있다는 것을 발견하였다. 이는 앞서 제시한 바와 같이 한국어 교재에서 조사 결합에 대해 명시적으로 설명을 하지 않고 한국어 교사들도 조사 결합을 상세하게 가르치지 않기 때문이라고 할 수 있다.

둘째, 중국인 KFL 학습자들은 조사 결합의 결합 원리 및 규칙에 대해서 제대로 인지하지 못하고 있었다. 예를 들면 일상생활에서 많이 사용하고 또 교재 듣기 지문이나 읽기 지문과 같은 텍스트에 자주 노출되는 조사 결합 '보다는'도 '는보다'로 오용하는 경우가 많았다. 그리고 '부터는'도 한국어 교재에 적지 않게 노출되었으나 학습자들이 '는부터'로 많이 사용하였다. 그러므로 조사 결합의 원리 및 규칙에 대해 이해시키는 것이 반드시 필요하다.

셋째, 앞서 중국인 KFL 학습자들을 대상으로 한 심층 인터뷰에서 조사 결합 관련 연습을 통하여 조사 결합을 학습했으면 좋겠다고 하였다. 이는 조사 결합에 대한 연습이 충분하지 않기 때문에 중국인 KFL 학습자들이 스스로 교재를 통하여 공부를 할 때 참고할 수 있는 자료가 부족하다는 것을 알 수 있다. 따라서 조사 결합 관련 연습 및 활용에 관한 활동지가 많이 필요하다.

넷째, 중국인 KFL 학습자들은 단일 조사만 사용한 문장과 조사 결합을 사용했을 때의 의미 차이를 정확하게 인지하지 못하고 있다. 이는 중국인 KFL 학습자들이 조사 결합에 대해 체계적으로 학습하지 못하였기 때문에 조사 결합의 의미와 사용 맥락을 제대로 이해하지 못하고 있다는 것을 알 수 있다. 그러므로 조사 결합의 의미 및 어감 변별 훈련이 필요하다.

이러한 연구 결과를 토대로 본 연구에서는 조사 결합의 원리 및 순서에 대한 지식 이해, 조사 결합의 의미 및 어감 변별 훈련, 조사 결합 연습 및 활용 세 가지 단계로 나누어 조사 결합 교육 내용을 논하고자 한다. 구체적인 교육 절차는 다음 그림과 같다.

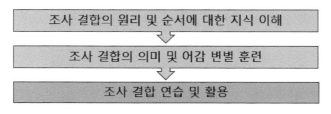

[그림 5] 조사 결합 교육 절차

조사 결합 교육 절차에서의 첫 단계는 조사 결합의 원리 및 순서에 대한 지식 이해 단계이다. 예컨대 각 단일 조사의 의미와 특성을 파악하고, 이들 조사들이 결합할 때의 결합 규칙과 순서를 명시적으로 가르침으로써 조사 결합에 대해 전반적으로 이해하게 한다. 그 예로 조사 결합 '에도'에 대한 수업을 구성하고자 한다.

'에도'는 의미격 조사 '에'가 첨사 '도'가 결합하여 형성된 조사 결합이다. 이때 '에'가 '도'에 선행해야 한다. 조사 결합의 원리 및 순서에 대한 지식 이해 단계에서는 다음과 같이 각 조사의 결합 순서를 가르치고 모든 조사가 결합할 수 있는 것이 아니라는 사실을 가르쳐야 한다. 이처럼 조사가 결합할 때의 순서 및 규칙, 각 단일 조사의 의미를 제시하고 예문을 통하여 조사 결합의 순서를 스스로 인지할 수 있도록 한다.

두 번째 단계는 단일 조사와 조사 결합의 어감 차이를 익히고 기능을 훈련시키는 '조사 결합의 의미 및 어감 변별 훈련 단계'이다. 이 단계 역시 다양한 훈련을 시킴으로써 조사 결합을 사용할 상황에서 회피하지 않고 각 조사 결합의 쓰임새와 기능을 정확하고 적절하게 사용할 수 있도록 이해시키는 단계이다. 단일 조사만 사용한 문장과 조사 결합을 사용한 문장의 어감 차이 비교를 할 수 있다. 조사 결합 '에도'의 첫 단계와 두 번째 단계의 수업 내용 예를 다음과 같이 구성할 수 있다.

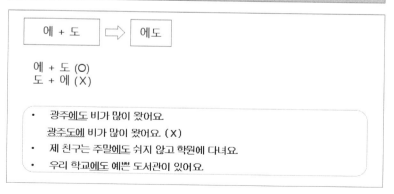

[그림6] 조사 결합 '에도'의 결합 원리 및 순서 이해 단계 수업 내용 예

다음은 조사 결합 '에도'와 단일 조사 '에'의 어감 차이를 비교하는 수업 내용 예이다.

-조사 결합 '에도'와 단일 조사 '에'의 어감 차이 비교하기-

조사 결합과 단일 조사가 들어간 두 문장을 제시한 후, 어감 차이를 비교하게 함으로써 조사 결합의 사용을 유도한다.

■ 다음 두 문장은 어떻게 달라요? 밑줄 친 부분을 중심으로 생각해 보세요.

① 오빠는 주말에 출근해요.
② 오빠는 주말에도 출근해요.

③ 서울에 눈이 많이 왔어요.
④ 서울에도 눈이 많이 왔어요.

[그림 7] 조사 결합 '에도'의 의미 및 어감 변별 훈련 단계 수업 내용 예

[그림 7]에서 알 수 있듯이 ①번 문장이 틀린 문장은 아니다. 다만 평일뿐만 아니라 주말에도 출근한다는 의미를 정확하게 표현하려면 ②번 문장처럼 조사 결합을 사용해야 한다. 그리고 ④번 문장에서처럼 조사 결합 '에도'를 사용함으로써 다른 지역에도 눈이 많이 왔을 뿐만 아니라 서울에도 눈이 많이 왔다는 의미를 정확하게 표현할 수 있다. 이와 같이 조사 결합이 사용된 환경과 사용되지 않은 환경의 어감 변별 훈련을 많이 시켜야 한다. 이 훈련 역시 예문을 통하여 조사 결합을 사용하였을 때와 사용하지 않았을 때의 어감 차이를 변별하게 한다.

-조사 결합 '에도' 연습 및 활용하기-

조사 결합 '에도'를 적절하게 사용할 수 있도록 문장 생성 훈련, 번역 훈련 등을 통해 표현 능력을 훈련한다.

■ 다음 빈칸에 들어갈 수 있는 단어들을 모두 고르세요.
그리고 그 중에서 가장 적절한 단어를 생각해 보세요.

① 중국 사람들은 차를 아주 좋아합니다. 요즘 같이 무더운 여름_____ 뜨거운 차를 마십니다. (□ 에 □ 에서 □ 도 □ 에도)

② 아버지는 일이 너무 바쁘셔서 거의 매일 야근해요. 이번 주말_____ 회사에 나가셔야 한대요. (□ 에 □ 에서 □ 도 □ 에도)

③ 시험 기간이라 도서관_____ 커피숍_____ 시험 준비를 하는 학생들로 붐빕니다.
(□ 에 □ 에서 □ 도 □ 에도)

④ 영희는 방학_____ 매일 도서관에서 공부를 해요.
(□ 에 □ 에서 □ 도 □ 에도)

⑤ 매매 첫날에 이어 이튿날_____ 주식이 폭락했다.
(□ 에 □ 에서 □ 도 □ 에도)

[그림 8] 조사 결합 '에도' 연습 및 활용 단계 수업 내용 예①

마지막 단계는 조사 결합 연습 및 활용 단계이다. 이 단계는 조사 결합을 상황에 맞게 사용하게 하는 즉 생산, 표현 단계로서 이해 문법에서 나아가 표현 문법으로 조사 결합을 사용할 수 있게 하는 단계이다. 이 단계에서는 조사 결합 관련 활동지를 다양하게 설계하여 중국인 KFL 학습자들의 조사 결합 사용 능력을 향상시킨다. 조사 결합 '에도'의 연습 및 활용 단계 수업 내용은 위 [그림 8]과 같이 조사 결합 '에도'를 정확하게 사용할 수 있도록 설계한 문장 생성 훈련으로 구성할 수 있다.

다음 [그림 9]도 조사 결합 '에도'를 적절하게 사용할 수 있도록 하는 문장 생성 훈련이다. 주어진 그림을 보고 '에도'를 사용하여 문장을 만들 수 있어야 한다.

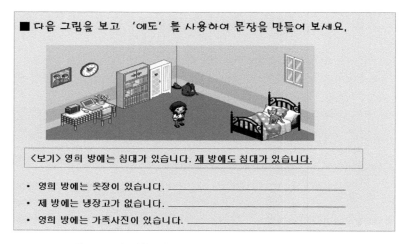

[그림 9] 조사 결합 '에도' 연습 및 활용 단계 수업 내용 예②

[그림 10]은 조사 결합 '에도'를 활용한 번역 훈련이다. 번역 훈련은 중국 출판 한국어 교재에 꼭 나타나는 연습 중의 하나이기 때문에 중국인 KFL 학습자들에게 번역 연습을 통하여 조사 결합을 이해하고 사용할 수 있게 해야 한다.

■ 다음 중국어 문장을 한국어로 번역해 보세요.

〈보기〉

去北京旅游，顺便想去万里长城。
→ 베이징에 여행 간 김에 만리장성에도 가보고 싶어요.

- 英姬不仅学习好，也很擅长运动。
  → _____

- 粤语也有很多和韩国语相似的发音。
  → _____

[그림 10] 조사 결합 '에도' 연습 및 활용 단계 수업 내용 예③

　앞서 진행한 심층 인터뷰에서 중국인 KFL 학습자들은 조사 결합과 관련된 다양한 연습을 통하여 조사 결합을 학습하고자 하였다. 따라서 위 그림들과 같이 문장 생성 훈련, 번역 훈련 등을 통해 조사 결합 표현 능력을 향상시킬 수 있다.

　본 연구는 중국인 KFL 학습자를 대상으로 조사 결합 교육 방안을 마련하고자 하는 연구이기 때문에 중국 현지의 한국어 수업 설계와 교육 현황에 따라, 또한 중국인 KFL 학습자에게 맞는 수업 모형이 제시되어야 한다. [그림 4]에서 제시한 조사 결합 교육 순서를 보면 가장 먼저 가르쳐야 할 조사 결합이 의미격 ④유형에 속하는 조사 결합이다. 따라서 본고에서는 조사 결합 '에도'의 교육 방안을 설계하고자 한다. '에도'는 각 교재에서 '에는' 다음으로 많이 노출되었던 조사 결합이고 또한 오류가 가장 적게 나타났던 의미격 ④유형의 조사 결합 항목이다. 아울러 앞서 설정한 조사 결합 교육 절차 즉 '조사 결합의 원리 및 순서에 대한 지식 이해, 조사 결합의 의미 및 어감 변별 훈련(이해 단계)-조사 결합 연습 및 활용(표현/생산 단계)-마무리 단계'로 수업을 구성하도록 하겠다.

〈표 5-1〉 조사 결합 '에도' 수업 모형

학습자 수준	중국인 KFL 학습자(중·고급)	수업 시간	50분
학습 목표	• 조사 결합 '에도'의 결합 형태를 이해한다. • 조사 결합 '에도'의 의미를 인식한다. • 조사 결합 '에도'를 다양하게 활용할 수 있어야 한다.		

[조사 결합의 원리 및 순서에 대한 지식 이해](10분)

○ 조사 결합의 원리 및 순서에 대해 설명한다. 즉 모든 조사가 서로 결합할 수 있는 것이 아니라는 것을 설명하고 조사 결합의 정확한 순서를 설명한다.

> 결합 순서: 에+도 (O)
>
>   도+에 (X)
>
> ○ 예문과 함께 조사 결합의 순서와 규칙을 이해하도록 한다.
>
> > • 광저우에도 비가 많이 왔어요.
> >   광저우도에 비가 많이 왔어요. (X)
> > • 제 친구는 주말에도 쉬지 않고 학원에 다녀요.
> > • 우리 학교에도 예쁜 도서관이 있어요.

[조사 결합의 의미 및 어감 변별 훈련](15분)

○ 예문, 판단 연습과 함께 조사 결합을 사용하였을 때와 사용하지 않았을 때의 어감 차이를 비교하고 이해시킨다.

다음 두 문장은 어떻게 달라요? 밑줄 친 부분을 중심으로 생각해 보세요.

예문:
• 오빠는 주말에 출근해요.
• 오빠는 주말에도 출근해요.

• 서울에 눈이 많이 왔어요.
• 서울에도 눈이 많이 왔어요.

판단문제:
• 기숙사 맞은편에도 슈퍼가 있습니다. (   )
• 중국의 은행이나 우체국은 주말에도 쉬지 않습니다. (   )
• 중국도에 배달 문화가 발달해 있나요? (   )

[조사 결합 연습 및 활용](20분)

○ 조사 결합 '에도'를 적절하게 사용할 수 있도록 문장 생성 훈련, 번역 훈련 등을 통해 표현 능력을 훈련시킨다.

1. 다음 빈칸에 들어갈 수 있는 단어들을 모두 고르세요.
   그리고 그 중에서 가장 적절한 단어를 생각해 보세요.

① 중국 사람들은 차를 아주 좋아합니다. 요즘 같이 무더운 여름_____ 뜨거운 차를 마십니다. (□ 에   □ 에서   □ 도   □ 에도)

② 아버지는 일이 너무 바쁘셔서 거의 매일 야근해요. 이번 주말_____ 회사에 나가셔야 한 대요. (□ 에   □ 에서   □ 도   □ 에도)

③ 시험 기간이라 도서관＿＿＿ 커피숍＿＿＿ 시험 준비를 하는 학생들이 있습니다.

(□ 에   □ 에서   □ 도   □ 에도)

④ 영희는 방학＿＿＿ 매일 도서관에서 공부를 해요.

(□ 에   □ 에서   □ 도   □ 에도)

⑤ 매매 첫날에 이어 이튿날＿＿＿ 주식이 폭락했다.

(□ 에   □ 에서   □ 도   □ 에도)

2. 다음 그림을 보고 '에도'를 사용하여 문장을 만들어 보세요.

> <보기> 영희 방에는 침대가 있습니다. <u>제 방에도 침대가 있습니다.</u>

• 영희 방에는 옷장이 있습니다. ＿＿＿＿＿＿＿＿＿＿＿＿＿＿＿＿
• 제 방에는 냉장고가 없습니다. ＿＿＿＿＿＿＿＿＿＿＿＿＿＿＿＿
• 영희 방에는 가족사진이 있습니다. ＿＿＿＿＿＿＿＿＿＿＿＿＿＿

3. 다음 중국어 문장을 한국어로 번역해 보세요

<보기>

去北京旅游,顺便也想去万里长城。

→ 베이징에 여행 간 김에 만리장성에도 가보고 싶어요.

- 英姬不仅学习好,也很擅长运动。

  → _____

- 粤语也有很多和韩国语发音相似的单词。

  → _____

4. 학습자를 조별로 나누어 '에도'를 활용할 수 있는 상황을 만들어 해당
조사 결합을 사용하게끔 한다.

[마무리](5분)

○ 조사 결합 '에도'에 대해서 정리하고 '에도'의 의미를 단일 조사와 비
교하면서 다시 설명한다. 그리고 학습자가 '에도'에 대해서 잘 이해했
는지 질문을 받는다.

VI. 결론

1. 요약 및 정리

한국어 조사 결합은 종류가 다양하고 결합 규칙이 복잡하기 때문에 중국인 KFL 학습자들이 한국어 조사 결합을 학습하는 데에 많은 어려움을 겪고 있다. 특히 중·고급 학습자임에도 불구하고 특정된 몇 개의 조사 결합 이외의 조사 결합의 사용을 전략적으로 회피하는 것이 조사 결합 교육에서 가장 큰 문제점이다. 중국인 KFL 중·고급 학습자들이 맥락에 맞는 조사 결합을 활용하여 원활한 의사소통을 할 수 있게 조사 결합 교육을 진행하는 것이 본고의 연구 목적이다. 이러한 연구 목적을 달성하기 위해 본 연구에서는 다음과 같은 과정을 거쳤다.

먼저 1장에서는 선행 연구들을 검토함으로 한국어 조사 결합 연구에서의 흐름과 조사 결합 교육 연구의 주요 과제에 대해 살펴보았다. 그동안 조사 결합 교육 연구에서는 습득에 관한 연구가 많았으며 조사 결합 오류에 대한 연구는 부족하였다. 또한 조사 항목이 많고 서로 결합하는 것 외에도 교체, 축약, 생략 현상 등이 모두 가능하기 때문에 단순 결합보다 한층 더 복잡해짐으로 외국인 학습자들은 조사 결합을 학습하고 활용하는 것이 쉽지 않다. 특히 조사 결합은 중국어에는 없는 규칙이기에 중국인 KFL 학습자들은 문제가 더 심각하다. 따라서 본고에서는 조사 결합 교육의 필요성을 주장하였다.

2장에서는 한국어 조사 결합의 본질적 속성을 살펴보기 위해 조사 결합의 개념과 특성, 유형에 대해 정리해 보았다. 조사 결합은 조사와 조사와의 만남을 보는 관점에 따라 다양한 정의가 있었다. 최근에는 둘 이상의 조사가 형태 변화 없이 결합하는 것에 주목하여 논의를 진행하기 때문에 조사 결합이라는 개념을 많이 사용하고 있었다. 조사 결합의 유형은 기존의 연구를 바탕으로 본고의 연구 범위에 맞게 재정리하였다. 또한 조사 결합의 유형별 특성 즉 형태적 특성에 대해 예문을 통하여 정리하였고 한국어 조사 결합에 대응하는 중국어 표현을 각 상황에 맞게 제시하였다.

3장에서는 중국인 KFL 학습자들에게 실질적으로 도움이 되는 교육 방안을 마련하고자 설문 조사를 진행하였다. 첫 번째로는 중국인 KFL 학습자들의 조사 결합에 대한 이해도를 알아보는 인식 조사와 중국인 KFL 학습자들의 조사 결합 오류를 알아보기 위한 사용 양상 조사를 실시하였다. 그리고 오류 분석 원인을 다각도로 파악하고 학습자의 사용 능력 부족 원인을 알아보기 위해 한국 국내 한국어 교재와 중국 출판 한국어 교재의 조사 결합 내용을 비교·분석하였다. 그리고 국제 통용 한국어 표준 교육 모형(4단계)의 등급별 조사 목록을 살펴보았으며 마지막으로 중국 현지 비원어민 한국어 교사를 대상으로 조사 결합 교육 양상 조사를 실시하였다. 중국인 KFL 학습자들의 조사 결합에 대한 인식 조사와 사용 양상 조사는 G대학 한국어학과 2, 3학년 학생들을 대상으로 진행하였고 한국어 교재는 중국 대학교와 한국 한국어학당에서 많이 사용하고 있는 교재를 위주로 분석하였다. 또한 비원어민 한국어 교사를 대상으로 조사 결합 교육 양상 조사를 실시하였는데 조사 대상은 중국 현지 대학교의 한국어 교육 전공 전임교원이었다.

4장에서는 앞장에서 진행한 설문조사 결과를 정리하였다. 중국인 KFL 학습자 대상으로 진행한 조사 결합 인식 조사는 한국어 조사 및 조사 결합에 대한 이해, 조사 결합 난이도 이해, 조사 결합 학습 방법, 조사 결합 사용 현황 및 학습 만족도, 조사 결합에 대한 교수 만족도 등 7가지 질문을 객관식으로 설정하여 설문을 통해 확인해 보았다. 그 중 한국어 조사 결합이 어렵다고 생각하는 이유와 현재 조사 결합 교육에 대해 만족하지 않는 이유는 심층 인터뷰를 진행하여 세밀하게 확인하였다. 그 결과 중국인 KFL 학습자의 조사 결합 인식 양상에 대한 결과를 다음과 같이 정리할 수 있다.

첫째, 한국어의 모든 내용을 교재로 학습하는 중국인 KFL 학습자들은 교재에서 조사 결합의 개념, 유형을 따로 접하지 못하였으므로 조사 결합의 개념조차 인지하지 못하고 있음을 확인하였다.

둘째, 중국인 KFL 학습자의 61.21%를 차지하는 학습자들이 조사 결합이 중국어에는 없는 규칙이기 때문에 어렵고 교재에 조사 결합에 대한 내용이 명시적으로 제시되어 있지 않기 때문에 어렵다고 하였다. 학습자들이 조사 결합에 대해 체계적으로 배우지 못하였으므로 조사 결합 사용에 있어서 어려워하는 것을 알 수 있었다.

셋째, 중국인 KFL 학습자의 65.88%를 차지하는 학습자들이 오류를 적게 범하기 위하여 본인이 알고 있는 조사 결합만을 사용한다고 하였다. 이는 전형적인 조사 결합 회피 현상이라고 할 수 있다. 이 또한 중국인 KFL 학습자들이 조사 결합의 규칙, 순서 등에 대해 상세히 배우지 못하였기 때문에 회피하고 있음을 알 수 있었다.

다음으로는 중국인 KFL 학습자의 조사 결합 오류를 판정하기 위해 조사 결합 사용 양상 설문 테스트를 진행하였다. 테스트 문항은 판단 문제로 조사 결합을 사용하여 만든 문장이 맞으면 ○, 틀리면 ×로 표시하고 틀린 부분을 정답으로 고쳐 쓰도록 설정하였으며 6가지 조사 결합 유형을 토대로 각 유형별로 4문제씩 구성하였다. 테스트를 진행한 후 '누락 오류, 대치 오류, 첨가 오류, 결합 순서 오류, 형태 오류'로 오류 판정 기준을 설정하여 오류를 분석하였다. 오류 분석도 조사 결합 유형에 따라 각 유형별 전체 오류를 살펴보았다. 따라서 아래와 같은 결과를 도출할 수 있었다.

첫째, 오류 분석 결과를 보면 의미격 ②유형에 속하는 의미격 조사 끼리의 결합 유형 오류가 가장 많았고 의미격 ④유형의 오류가 가장 적게 나타났다. 그리고 각 유형별로 회피 오류가 가장 많이 나타났으며 이 결과는 동양효(2012)의 오류 분석 결과와 일치한 것이다. 조사 결합을 사용해야 할 자리에 단일 조사를 사용하는 것을 누락 오류로 판단하였다. 이는 전형적인 회피 현상이라고 할 수 있으며 또한 <표 4-8>의 오류와 일치하게 나타났다는 것을 알 수 있었다.

둘째, 누락 오류 외에 결합 오류 즉 조사 결합 순서에 오류가 많이 나타났다. 중국인 KFL 학습자들은 교재의 예문이나 읽기 지문에 노출 되는 조사 결합을 많이 접하나 교사들이 별도로 강의를 하지 않기 때문에 조사의 결합 순서, 결합 규칙에 대해 제대로 인지하지 못하고 있다는 것을 알 수 있었다.

셋째, 학습자들의 오류 중에서 대표할 만한 오류를 정리하여 심층 인터뷰를 진행한 결과 후치사 ①유형의 '만이'와 의미격 ②유형의 '에 서와'가 서로 결합할 수 있다는 사실을 몰랐다는 학습자가 많았다. 그리고 의미격 ①유형의 '에를'에서는 축약형 '엘'은 교재에서 접했지 만 '에를'은 전혀 접하지 못했기 때문에 잘못 사용하였다고 답하였다. 즉 한국어 교재에서 조사 결합이 문법 항목으로 제시되어 있지 않고 교사들도 따로 강의를 하지 않고 있다는 사실을 알 수 있었다.

이와 같이 중국인 KFL 학습자들이 조사 결합을 어려워한다. 그래서 본고에서는 그 어려운 원인을 찾기 위해 한국어 교재 대상으로도 조 사를 했으며 교사 대상으로도 조사를 했다. 그 결과를 살펴보면 첫 번째, 한국어 교재 6종을 조사하였는데 교재에서 조사 결합을 명시적 으로 가르치지 않고 있었다. 한국에서 출판된 교재에서는 조사 결합 을 다루지 않고 있고 직접적으로 설명을 하지 않고 있었다. 중국에서 출판된 교재에서는 일부 설명하고 있었다. 그런데 직접적으로 설명을 하지 않고 있으나 각 교재에서 듣기 지문이나 읽기 지문이나 모든 텍스트에서 조사 결합이 안 나오는 것은 아니었다.

두 번째, 중국 현지 비원어민 한국어 교사를 대상으로 조사를 해 봤더니 교사들도 조사 결합에 대해서 수업 시간에 가르치지 않고 있 었다. 그 이유는 시간이 부족해서 또는 교사도 조사 결합에 대한 지식 이 부족해서 라고 응답하였다. 실제로 조사 결합을 직관적으로 사용 은 하나 조사 결합의 규칙과 함께 할 수 있는 조사 결합, 조사 결합 순서에 대해 체계적으로 설명하기에는 부담이 된다고 응답한 교사도 있었다. 학생들이 조사 결합을 어려워하는 이유는 교재뿐만 아니라 한국어 교사의 영향도 있다는 것을 반증한다.

마지막으로 중국 현지 비원어민 한국어 교사의 조사 결합 교육 양상 조사를 실시하였다. 교사용 설문지는 조사 결합의 중요성, 한국어 교육 현장에서 조사 결합 교육 여부, 조사 결합 교육 방법, 조사 결합 미 진행 원인, 조사 결합 교육의 필요성, 조사 결합 규칙 등에 관한 질문을 객관식 문제로 구성하여 실시하였다. 그 결과를 정리하면 아래와 같다.

첫째, 한국어 교육 현장에서 대부분의 한국어 교사가 조사 결합에 대해 가르친다고 답하였으나 중국인 KFL 학습자들이 문법에 대해 부담을 느낄 것을 고려하여 예문과 함께 간단하게 제시하고 넘어간다는 것을 알 수 있었다. 그러한 이유로 학습자들이 조사 결합의 규칙이나 순서에 대해서는 제대로 인지하지 못하고 있다는 것을 확인하였다.

둘째, 앞으로의 조사 결합 교육의 방향에 대해서는 59.26%를 차지하는 교사들이 교재에 등장할 경우에 간단히 설명하는 게 좋다고 답하였다. 그러나 이는 학습자들의 조사 결합에 대한 교육 요구와 일치하지 않다는 것을 알 수 있었다. 따라서 학습자들이 부담을 느끼더라도 자주 노출되고 일상생활에서 많이 사용되는 조사 결합에 대해서는 구체적으로 가르쳐야 한다는 것을 알 수 있었다.

셋째, 비원어민 한국어 교사들은 조사 결합에 대해 잘 설명된 교재 및 지침서가 가장 필요하다고 하였다. 중국인 KFL 학습자들은 한국어 언어 환경이 아닌 모국어 언어 환경에서 한국어를 학습하고 있기 때문에 대부분의 문법을 대량 연습을 통해 이해하고 사용 상황이나 맥락을 습득한다. 또한 학습자들도 조사 결합 관련 연습을 많이 하고 싶다고 응답했다. 그러므로 교사들이 교재나 지침서를 활용하여 조사 결합에 관한 연습 문제지를 제작하여 학생들에게 제공해야 한다는 것을 알 수 있었다.

2. 본 연구의 의의 및 제언

본 연구에서는 중국인 KFL 학습자를 위한 조사 결합 교육 방안을 모색하고자 중국인 KFL 학습자를 대상으로 조사 결합의 인식 조사를 하였고 조사 결합의 사용 양상을 조사하여 오류의 유형을 분석하였다. 아울러 중국인 KFL 학습자들의 조사 결합 오류 원인을 다각도로 파악하기 위해 한국 국내 한국어 교재와 중국 출판 한국어 교재의 조사 결합 내용을 분석하고 국제통용한국어표준교육모형(4단계)의 등급별 조사 목록을 살펴보았으며 한국어 교사를 대상으로 조사 결합 교육 양상을 조사하였다.

위와 같은 조사를 통해 먼저, 중국 현지 비원어민 교사들은 조사 결합에 대해 사용은 하지만 조사 결합의 원리나 규칙을 설명하는 데에는 부담을 느낀다고 하였다. 둘째, 수업 시간에 조사 결합까지 가르칠 시간이 부족하다고 하였다. 이는 중국 출판 한국어 교재의 매 과에 적게는 6개 많게는 10개의 문법 항목들이 제시되기 때문에 조사 결합까지 상세하게 가르칠 시간은 부족하다는 것을 알 수 있었다. 셋째, 한국어 교재의 읽기 지문이나 듣기 지문에 조사 결합이 많이 노출되고 있으나 교재에서는 조사 결합에 대해 명시적으로 다르지 않고 있었다. 그러나 조사 결합은 내용 자체가 어렵기 때문에 별도로 가르치지 않으면 중국인 KFL 학습자들의 한국어 숙달도가 높아짐에도 불구하고 자연스러운 언어를 생성해 내지 못한다는 문제점이 생길 수 있다.

이러한 조사 결과를 바탕으로 다음과 같은 개선 방안이 필요하다. 첫째, 한국어 교사를 위한 정기적인 연수가 필요하다. 즉, 한국어 교사들은 워크숍이나 다양한 훈련 프로그램을 통해 조사 결합 관련 교수안 및 연습문제를 제작해야 한다. 둘째, 한국어 교사들은 수업 시간에 조사 결합에 대해 아주 상세하게 가르치지 않더라도 분석적으로 또는 덩어리 형태로 조사 결합을 가르칠 필요가 있다. 셋째, 한국어 교재에서는 학습자들이 사용 빈도가 높고 오류가 많이 보이는 조사 결합에 대해서는 체계적으로 다룰 필요가 있다.

앞서 분석한 조사 결과에서 알 수 있듯이 중국인 KFL 학습자들의 가장 큰 문제점은 조사 결합 사용에 있어서 회피한다는 것이었다. 그리고 조사 결합의 원리 및 순서, 조사 결합을 사용하였을 때와 사용하지 않았을 때의 어감 차이를 인지하지 못하고 있었다. 이러한 논의를 종합하여 본고에서는 중국인 KFL 학습자를 위한 조사 결합 교육 방안을 마련하였다.

지금까지 중국인 학습자를 대상으로 한 조사 결합 교육 방안 연구, 조사 결합 습득 연구 등은 있었으나 중국인 KFL 학습자를 대상으로 한 조사 결합 교육 연구는 진행되지 않았다. 또한 학습자의 조사 결합 오류 원인을 파악하기 위해 한국과 중국에서 출판된 교재를 비교·분석하고, 국제통용 한국어 표준 교육 모형(4단계)의 등급별 조사 목록을 살펴보고 중국 현지 비원어민 교사들의 조사 결합 교육 양상을 분석한 연구는 없었다. 본 연구는 중국인 KFL 학습자가 조사 결합을 사용하는 데 있어서 가장 큰 문제점이 무엇인지 발견하고 조사 결합 교육을 진행하고자 한 것에 의의가 있다. 그러나 85명의 많은 인원을 대상으로 조사를 진행하였으나 한 개 대학 학습자에 국한되었다는 점 즉, 중국 내의 여러 대학 학습자들을 조사하지 못한 점이 본 연구의 한계라고 할 수 있다. 대표성을 띠는 중국 내의 여러 대학 학습자들을 대상으로, 모집 대상을 넓혀서 다양한 연구 방법을 통한 한국어 조사 결합 교육에 관한 논의는 후속 연구 과제로 남겨 둔다.

참고문헌

최강혜옥(2006), 「한국어 문법 교수를 위한 문법 의식 상승 과제 설계 연구」, 서울대학교 대학원 국어교육과 석사학위논문.

고석주(2004), 『현대 한국어 조사의 연구 I : '격 개념'과 조사 '-가'와 '-를'을 중심으로』, 한국문화사.

고석주(2008), 『현대 한국어 조사의 계량적 연구』, 보고사.

고영근·구본관(2008), 『우리말문법론』, 집문당.

고창수(1997), 「한국어 조사결합에 대한 연구」, 한국어학 5, 한국어학회, 90-93쪽.

국립국어원(2015), 『외국인을 위한 한국어 문법1』, 커뮤니케이션북스.

김동식(1996), 「현대 국어 조사의 분류에 대한 연구」, 한신논문집 13, 한신대학교, 105-142쪽.

김상대(1993), 「복합조사에 대하여」, 인문논총 4, 아주대학교 인문과학연구소, 15-28쪽.

김영진(2007), 「한국어 학습자의 덩이표현 사용 양상 연구」, 이화여자대학교 교육대학원 한국학과 석사학위논문.

김영희(1999), 「사격 표지와 후치사」, 국어학 34, 국어학회, 31-58쪽.

김유미(2002), 「학습자 말뭉치를 이용한 한국어 학습자 오류 분석 연구」, 연세대학교 한국어학당, 외국어로서의 한국어교육 27, 141-168쪽.

김정숙·남기춘(2002), 「영어권 한국어 학습자의 조사 사용 오류 분석과 교육 방법: '-이/가'와 '-은/는'을 중심으로」, 한국어교육 13, 국제 한국어교육학회, 27-45쪽.

김재욱(2001), 「한국어교육에서의 조사의 상호결합 규칙」, 우리어문연구 17, 우리어문학회, 77-92쪽.

김중섭(2002), 「한국어 학습자의 연결 어미 오류 양상에 관한 연구: 언어권 별 오류 양상을 중심으로」, 한국어 교육 13-2, 국제한국어교육학회, 87-109쪽.

김진형(2000), 「조사연속구성과 합성조사에 대하여」, 형태론 2-1, 형태론, 59-72쪽.

김충실(2009), 「중국인 학습자를 위한 한국어 '를'구문 교수 방법 연구」, 부사외국어대학교 교육대학원 박사학위논문.

김현숙(2016), 「한국어 교육용 조사 연속 구성 선정 연구」, 인천대학교 대학원 한국어교육학과 석사학위논문.

김형주(2014), 「오류 분석을 통한 관형사형 어미 교육 방안」, 경희대학교 교육대학원 외국어로서의 한국어교육전공 석사학위논문.

김혜진(2012), 「한국어 수준과 모국어에 따른 한국어 학습자의 덩어리 표현 습득 양상 연구」, 이화여자대학교 교육대학원 외국어로서의 한국어교육전공 석사학위논문.

김호정(2012), 「중국어권 한국 유학생의 조사 중첩 습득 양상 연구」, 국어 교육, 한국어교육학회, 381-416쪽.

남윤진(2000), 『현대국어의 조사에 대한 계량언어학적 연구』, 태학사.

당문평(2012), 「중국인 한국어 학습자의 중·한 번역에 나타난 오류 분석 연구」, 계명대학교 일반대학원 외국어로서의 한국어교육학과 석사학위논문.

동쌍쌍(2012), 「중국 대학의 한국어학과 교육에 대한 연구」, 성균관대학교 교육학과 교육학전공 석사학위논문.

동양효(2012), 「중국인 고급 학습자를 위한 한국어 조사결합 사용 교육 방안 연구」, 서울대학교 대학원 국어교육과 석사학위논문.

맹주억(1997), 『현대중국어문법』, 청년사.

민현식(2008), 「한국어교육을 위한 문법 기반 언어 기능의 통합 교육과정 구조화 방법론 연구」, 국어교육연구 22, 서울대학교 국어교육연구소, 261-334쪽.

박소영(2005), 「구어 말뭉치에 나타난 겹조사의 결합 유형과 실현 양상」, 대구대학교 교육대학원 교육학과 석사학위논문.

박소영(2008), 「중국인 학습자의 한국어 조사 사용 오류 분석과 교수 방안」, 성신여자대학교 교육대학원 교육학과 석사학위논문.

박은희(2013), 「언어노출환경에 따른 한국어 학습자의 조사 결합 습득 연구」, 한국외국어대학교 교육대학원 외국어로서의 한국어교육전공 석사학위논문.

박종호(2009), 「한국어 학습자의 조사 오류 연구」, 새국어교육 82, 한국어교육학회, 127-144쪽.

박지용(2005), 「현대국어 조사 간의 결합관계 연구 : 부사격 조사를 중심으로」, 서울대학교 대학원 석사학위논문.

백봉자(1999), 『외국어로서의 한국어 문법 사전』, 연세대학교출판부.

변 흔(2010), 「한국어 조사 체계의 교육 방안 연구」, 명지대학교 대학원 국어국문학과 석사학위논문.

서강보 외(2020), 「한국어 복합 조사의 결합 양상과 교육 방안」, 국제한국어교육학회 춘계학술발표논문집, 국제한국어교육학회, 64-78쪽.

서예원(2016), 「조사결합의 사용 양상에 따른 한국어 교육 방안 연구-드라마 대본과 한국어 교재 비교 분석을 중심으로」, 선문대학교 교육대학원 외국어로서의 한국어교육전공 석사학위논문.

서희정(2009), 「한국어교육을 위한 복합형식 연구」, 경희대학교 대학원 박사학위논문.

성광수(1977), 「국어 조사에 대한 연구」, 고려대학교 대학원 국어국문학과 박사학위논문.

성광수(1981), 『국어 조사에 대한 연구』. 형설출판사.

슬지엔(2010), 「한국어 부사격 조사와 중국어 개사의 대조 연구」, 경북대 학교 대학원 국어국문학과 국어학전공 박사학위논문.

양희연(2010), 「중국어권 한국어 고급 학습자의 조사 오류 분석 및 교수 방안」, 충남대학교 국어국문학과 국어학전공 석사학위논문.

엄 녀(2007), 「평가 기준을 통한 중국 대학교의 한국어 교재 분석」, 한국어 교육 18-1, 국제한국어교육학회, 235-262쪽.

엄정호(1997), 「조사에 대하여(1): 조사 목록을 중심으로」, 언어와 언어교 육 12, 동아대학교 어학연구소, 73-103쪽.

왕 단(2005), 「중국어권 학습자를 위한 한국어 형용사 기술과 교육 방안 연구」, 서울대학교 대학원 박사학위논문.

왕단단(2020), 「중국의 한국어 교재의 조사연속구성 문법 예문 분석 연 구」, 춘원연구학보 17, 춘원연구학회, 325-349쪽.

왕 붕(2008), 「한국어 조사와 중국어 개사의 대응관계 연구: '~에, ~에서, ~에게'를 중심으로」, 부산대학교 대학원 국어국문학과 석사학위 논문.

우형식(2006), 「한국어 교육과 덩이 형태의 문법 기술: 기능명사구성의 접속 기능을 중심으로」, 교육논총, 부산외국어대학교 교육대학원, 207-228쪽.

원해영(2016), 「한국어 학습자의 조사 오류 화석화 현상 연구-고급 단계 학습자의 작문 분석을 통해」, 우리말연구 44, 우리말학회, 223-252쪽.

윤재원(1989), 『국어 보조조사의 담화분석적 연구』, 형설출판사.

이관규(1999), 『국어의 격과 조사』, 월인.

이규호(2001), 「한국어 복합조사의 판별기준과 구성 연구」, 한국외국어대 학교 대학원 국어국문학과 박사학위논문.

이규호(2007), 『한국어 복합조사』, 한국학술정보.

이남순(1996), 「특수조사의 통사기능」, 진단학보 82, 진단학회, 217-235쪽.

이미혜(2002), 「한국어 문법 교육에서 '표현항목' 설정에 대한 연구」, 한국
    어교육 13, 국제한국어교육학회, 205-225쪽.

이소아(2010), 「중국인 학습자를 위한 한국어 양태부사 교육 연구」, 서울
    대학교 대학원 국어교육과 한국어교육전공 석사학위논문.

이승연(2019), 「한국어 학습자의 조사 연속체 사용 연구: 초급 학습자의
    구어 발화 분석을 바탕으로」, 동악어문학 79, 동악어문학회,
    271-305쪽.

이윤정(2002), 한국어 교재에 나타난 조사 교육 내용 비교 연구, 울산대학
    교 교육대학원 석사학위논문.

이은경(1999), 「한국어 학습자의 조사 사용에 나타난 오류 분석 : 한국어학
    습자의 작문을 중심으로」, 연세대학교 대학원 국어국문학과 석사
    학위논문.

이정희(2002), 「한국어 오류 판정과 분류 방법에 관한 연구」, 한국어 교육
    13, 국제한국어교육학회, 175-197쪽.

이정희(2005), 『한국어 학습자의 오류 연구』, 박이정.

이지영(1996), 「한국어 조사의 교수 모형」, 상명대학교 대학원 국어국문학
    과 국어학전공 박사학위논문.

이진은(2011), 「한국어 학습자를 위한 조사 결합 교육 방안 연구」, 배달말
    49, 배달말학회, 401-425쪽.

임동훈(2004), 「한국어 조사의 하위 부류와 결합 유형」, 국어학 43, 국어학
    회, 119-154쪽.

임동훈(2005), 『외국어로서의 한국어학: 한국어의 조사』, 한국방송통신대
    학교.

장미경(2009), 「한국어 교육의 조사 교육 연구 동향 분석」, 우리어문연구
    33, 우리어문학회, 547-581쪽.

조련희(2006), 「한국어 교육에 있어서의 조사 학습 순서에 대한 연구: 중국
    어권 초급 학습자를 대상으로」, 관운대학교 대학원 국어국문학
    과 석사학위논문.

조영남(2001), 「질적 연구와 양적 연구」, 대구교육대학교 초등교육연구논
　　　총 17, 초등교육연구소, 307-329쪽.

진　정(2015), 「한·중 한국어 교재의 조사와 조사 결합에 관한 비교 분석
　　　연구」, 조선대학교 대학원 국어국문학과 석사학위논문.

추애방(2017), 「중국 대학 학부 과정 한국어 전공자를 위한 종합한국어의
　　　교육 내용 연구」, 고려대학교 대학원 국어국문학과 박사학위논문.

최경화(2014), 「한국어 학습자의 조사 결합 습득 연구 -일본어권 한국어
　　　학습자를 대상으로」, 이화여자대학교 국제대학원 한국학과 석사
　　　학위논문.

최석재(2013), 「말뭉치를 이용한 조사의 결합 양상 연구」, 돈암어문학 26,
　　　돈암어문학회, 303-334쪽.

최태성(1999), 「국어 조사의 겹침에 대한 연구: 조사의 배열 순서를 중심으
　　　로」, 경희대학교 교육대학원 석사학위논문.

최웅환(2005), 「한국어 조사의 분류와 기능에 대하여」, 언어과학연구, 언
　　　어과학회, 331-348쪽.

최현배(1937, 1971), 『우리말본』, 연희전문학교출판부.

한용운(2004), 「조사연속구성과 복합조사」, 어문연구 32-2, 한국어문교육
　　　연구회, 145-169쪽.

한윤정(2010), 「중국인 학습자의 한국어 조사 결합 변이 연구」, 경희대학
　　　교 교육대학원 외국어로서의 한국어교육전공 석사학위논문.

홍사만(1983), 『국어 특수조사론』, 학문사.

홍사만(2002), 『국어 특수조사 신연구』, 역락.

홍종선 외(2000), 『현대국어의 형성과 변천1: 현대 국어 연구를 위한 시
　　　기별 언어 자료』, 박이정.

황병순(2008), 「조사의 문법화 양상과 결합 원리」, 배달말 43, 배달말학회,
　　　97-119쪽.

황정숙(1992), 「외국인을 위한 한국어 조사의 수업모형」, 상명여자대학교
　　　대학원 국어국문학과 국어학전공 석사학위논문.

황종배 외(2007), 「외국인 한국어 학습자의 한국어 조사중첩 습득 연구」, Foreign languages education 14-4, 한국외국어교육학회, 391-416쪽.

황화상(2003), 「조사의 작용역과 조사 중첩」, 국어학 42, 국어학회, 115-140쪽.

LIUQINGHUA(2014), 「한국어 복합 조사 연구」, 아주대학교 대학원 국어국문학과 박사학위논문.

pangyingjie(2015), 「중국인 한국어 학습자의 조사결합 습득 연구」, 이화여자대학교 국제대학원 한국학과 석사학위논문.

Brown, H. D.(2001), Teaching by Principles: An Interactive Approach to Language pedagogy , Lonman 권오량 외 역, 피어슨 에듀케이션 코리아.

Ellis, R.(1997), Second Language Acquisition, London: Oxford University Press.

Michael Lewis(2002), The lexical approach: The State of ELT and a Way Forward, Language Teaching Publications, 김성환 역, 한국문화사.

Norris, W. E. (1970), Teaching second language reading at the advanced level: goals, techniques, and procedures, TESOL Quarterly Vol.4.

Pallotti, G.(2007), An Operational Definition Of the Emergence Criterion, Applied Linguistics 28(3), pp. 361-382.

Richards, J.. & Rodgers, T.(1986), Approaches and methods in language teaching, Cambridge, UK: Cambridge University Press.

Richards, J., & Rodgers, T.(2001), Approaches and methods in language teaching(2nd ed.), Cambridge, UK: Cambridge University Press.

Seliger, H. W. and Shohamy, E. (2002), Second Language Research Methods, 김지영 역, 민지사.

Thornbury, S.(2004), How to Teach Grammar , Longman Press, 이관규 외 역, 한국문화사.]

中文摘要

為中國KFL學習者的韓國語助詞結合教育研究

金星月(JIN XINGYUE)

國語國文專科 國語學專攻
湖西大學校 大學院
牙山, 韓國
指導教授：鄭聖憲(Jeong, Seongheon)

本研究旨在調查中國KFL學習者对于韓國語助詞結合的认知与错误状況，并以其结果为基础，提出面向中國KFL學習者的助詞結合教育方案。

韓國語中的助詞具有能与其他助詞相结合的重要特征，根据特定順序所结合的形态也十分多样。韓國人在日常生活中直观地结合使用这些助詞，但作为母語不是黏着語而是其他語言文化圈的學習者来说，韓國語的这种特性带来了较大的學習压力。因此，助詞結合的學習和使用在韩國語學習过程中是非常重要也是必需的。

尤其是韩國語具有作为黏着語的特性，对于不熟悉黏着語的中國學習者来说，即便是韓國語水平熟练，还是难以熟练掌握助詞結合，相对较少接触韓國語环境的KFL學習者经常无法准确认识助詞結合的順序和规则。

因此本研究中意识到这些问题，对中國KFL學習者的助詞結合使用状況和背景进行了研究。为此，以中國G大學二年级、三年级学生作为對象，对他们的助詞結合认识和錯误現況进行了分析。并且为多方位了解错误的原因，对在韓國和中國出版的六本韓國語教材中助詞結合的出现频率进行了分析，还以中國当地非母語韓國語教师为對象，进行了助詞結合教育現況调查。

首先根据中國KFL學習者的助詞結合认知和使用現況的调查结果显示，大部分學習者无法准确认识助詞結合。例如，需使用助詞結合时却使用单一助詞或只使用特定几个助詞結合的回避現象最为常见。其后则

是无法准确认识助詞的結合規則或順序，导致出現結合錯误、附加錯误等。錯误分析結果显示，意义格②类助词結合使用錯误出現頻度最高，意义格④类出現的錯误最少。

為了解其原因，对教材加以分析的結果显示，在韓國和中國的教材中听力或阅读文章中都共同出現了较多助詞結合，但对于助詞結合的明確説明却相對不足。在中國出版的教材中對于助詞結合的说明虽少，但大部分都加以明確指出，而韓國出版的教材中，甚至出現了不进行助詞結合形态説明的情況。

最后，以中國当地非母語韓國語教師為對象进行的助詞結合教育現況分析結果显示，韓國語教師在课上并没有教授助詞結合的相关内容。大部分教師表示尽管直观地使用了助詞結合，但难以解释説明助詞結合的規則、可加以結合的助詞結合和助詞結合順序。由此可證明学生回避助詞結合并出現錯误的原因不仅在于教材中，也受到教师教學的影响。

綜合上述結果，本论文提出分三階段的助詞結合教學順序。首先是"关于助詞結合原理和順序的知识理解階段"，其后是训练熟悉单一助詞和助詞結合词感差异的"助詞結合的意义和语感辨别训练階段"，最后是将所学助詞結合多种情況灵活使用并表达的"助詞結合練習与使用階段"，以此提出助詞結合教育模型。

本研究意在面向不熟悉韓國語黏着語性质，接触韓國語环境较少的中國KFL學習者，多重分析他们的助詞結合使用現況和原因，以此為基础提出助詞結合教育方案。期待以本研究的成果為基础，日后有更多面向中國學習者的助詞結合教育方案的研究。

국문초록

중국인 KFL 학습자를 위한 한국어 조사 결합 교육 연구

김성월(JIN XINGYUE)

국어국문학과 국어학전공
호서대학교 일반대학원
아산, 한국
(지도교수: 정성헌)

　본 연구는 중국인 KFL 학습자의 한국어 조사 결합의 인식과 오류 양상을 조사하고 그 결과를 토대로 중국인 KFL 학습자를 위한 조사 결합 교육 방안을 마련하는 데에 목적이 있다.

　한국어의 조사는 다른 조사와 결합할 수 있다는 중요한 특징을 가지며 일정한 순서에 따라 결합하는 형태도 아주 다양하다. 한국인들은 이러한 조사를 일상생활에서 직관적으로 결합하여 사용하지만 교착어가 아닌 다른 언어권 학습자들에게 한국어의 이러한 특성으로 인한 학습 부담은 크다. 따라서 이러한 조사 결합에 대한 습득 및 사용은 한국어를 학습함에 있어서 중요하고도 필수적인 요소라 할 수 있다.

　특히 교착어로서의 한국어 특성에 대해 익숙하지 않은 중국인 학습자들의 경우, 한국어 숙달도가 높아도 조사 결합의 능숙한 사용은 어려우며, 상대적으로 한국어에 노출이 적은 KFL 학습자들은 조사 결합의 순서와 규칙에 대해 제대로 인지하지 못하는 경우도 많다.

　따라서 본 연구는 이러한 문제를 인식하여 중국인 KFL 학습자의 조사 결합 사용 양상과 그 배경을 살펴보고자 하였다. 이를 위해 중국 G대학 2, 3학년 학생들의 조사 결합에 대한 인식과 오류 양상을 분석하였다. 또한 오류의 원인을 다각도로 파악하기 위해 한국과 중국에서 출판되고 있는 한국어 교재 총 6권의 조사 결합 노출 빈도를 분석하였으며, 중국 현지 비원어민 한국어 교사를 대상으로 조사 결합 교육 양상을 조사하였다.

우선 중국인 KFL 학습자의 조사 결합 인식과 사용 양상 조사 결과 대부분의 학습자들이 조사 결합에 대해 제대로 인지하지 못하고 있었다. 예컨대, 조사 결합을 사용해야 할 자리에 단일 조사만 사용하거나 특정된 몇 개의 조사 결합을 사용하는 회피 현상이 가장 많았다. 그 다음으로 조사의 결합 규칙이나 순서를 정확하게 인지하지 못하여 결합 오류, 첨가 오류 등을 범하였다. 그리고 오류 분석 결과 의미격 ②유형 조사 결합 사용에서 가장 많은 오류가 나타났으며 의미격 ④유형의 오류가 가장 적게 나타났다.

이러한 양상의 원인을 살피기 위해 교재를 분석한 결과, 한국과 중국의 교재에서 공통적으로 조사 결합이 듣기나 읽기 지문에서 상당히 노출되고 있었으나, 조사 결합의 명시적인 설명은 상대적으로 부족했다. 중국에서 출판된 교재에서는 조사 결합에 대한 설명이 적긴 하지만 대부분 제시되어 있었으나 한국 출판 교재에서는 조사 결합의 형태에 대한 명시적인 설명이 없는 경우도 있었다.

마지막으로 중국 현지 비원어민 한국어 교사를 대상으로 조사 결합 교육 양상을 살펴본 결과 한국어 교사들도 조사 결합에 대해서 수업 시간에 가르치지 않고 있었다. 대부분의 교사의 경우 조사 결합을 직관적으로 사용은 하고 있으나 조사 결합의 규칙과 결합할 수 있는 조사 결합과 조사 결합 순서에 대해 체계적으로 설명하기에는 부담이 된다고 하였다. 학생들의 조사 결합을 회피하고 오류를 범하는 이유는 교재뿐만 아니라 교사의 영향도 있다는 것을 반증한다.

이러한 결과를 종합해서 본고에서는 조사 결합의 교육 순서를 크게 3단계로 나누어 제안하였다. 먼저 '조사 결합의 원리 및 순서에 대한 지식 이해 단계', 그리고 단일 조사와 조사 결합의 어감 차이를 익히고 기능을 훈련시키는 '조사 결합의 의미 및 어감 변별 훈련 단계', 마지막으로 학습한 조사 결합을 다양한 상황에서 활용하고 표현하게 하는 '조사 결합 연습 및 활용 단계'로 조사 결합 교육 모형을 제안하였다.

본 연구는 한국어의 교착어적인 성격에 익숙하지 않고 한국어에 대한 노출 빈도가 적은 중국인 KFL 학습자들을 위해 이들의 조사 결합 사용 양상과 그 원인을 다양하게 살펴보고 이를 바탕으로 조사 결합 교육 방안을 제안하였다는 데에 의의가 있다. 추후 본 연구의 성과를 바탕으로 다양한 중국인 학습자를 위한 조사 결합 교육 방안에 대한 연구를 기대해 본다.

부록

중국인 KFL 학습자의 한국어 조사 결합 인식 양상 예비조사지

이 름: 성 별:

한국어 능력시험 급수: 학 년:

1. 한국어의 조사를 그 기능에 따라 몇 가지로 나눌 수 있다는 것을 압니까? (　　)
   ① 네　　　　　　　　　② 아니요

2. 한국어의 명사나 명사 기능을 하는 말에 조사가 둘 이상 결합할 수 있다는 것을 압니까? (　　)
   ① 네　　　　　　　　　② 아니요

3. 조사 결합에는 대체로 일정한 순서가 있다는 사실을 압니까? (   )

    ① 네   ② 아니요

4. 모든 조사가 일정한 순서에 따라 결합할 수 있습니까? (   )

    ① 네   ② 아니요

5. 조사 결합에 대해 어떻게 공부하십니까?

_____

_____

_____

6. 조사 결합이 어렵다고 생각하십니까?

_____

_____

_____

7. 조사 결합이 어렵다고 생각하시는 이유가 무엇입니까?

_____

_____

_____

8. 조사 결합 사용에서 오류를 적게 범하기 위하여 어떻게 하십니까?

_____

_____

_____

9. 현재의 조사 결합에 대한 학습이 충분하다고 생각하십니까?

_____

_____

_____

10. 한국어 학습에서 조사 결합 교육이 별도로 필요하다고 생각합니까?

_____

_____

_____

11. 현재 조사 결합 교육에 만족하십니까? 만족하지 않는다면 만족하지 않는 이유는 무엇입니까?

_____

_____

_____

12. 선생님들이 조사 결합을 분류하여 따로 가르쳐 주신 적이 있습니까?

_____

_____

_____

13. 선생님들이 조사 결합을 어떻게 가르치면 좋을 것 같습니까?

_____

_____

_____

중국인 KFL 학습자의 한국어 조사 결합 인식 양상 설문조사

이 름: 성 별:

한국어 능력시험 급수: 학 년:

1. 한국어 조사의 종류(유형)에 대해 어느 정도로 알고 있습니까? (　　)
   对韩国语助词的类型了解多少？
   ① 完全不知道   ② 略不懂   ③ 一般
   ④ 知道一点   ⑤ 非常熟悉

2. 한국어 조사의 결합에 대해 어느 정도 알고 있습니까? (　　)
   对韩国语的助词结合了解多少？
   ① 完全不知道   ② 略不懂   ③ 一般
   ④ 知道一点   ⑤ 非常熟悉

3. 한국어 조사가 결합하는 순서에 대해 어느 정도 알고 있습니까? (　　)
   你知道韩国语助词相互结合的时候，有一定的顺序吗？
   ① 完全不知道   ② 略不懂   ③ 一般
   ④ 知道一点   ⑤ 非常熟悉

4. 한국어 조사 결합이 어느 정도로 어렵다고 생각하십니까? (   )

   你认为韩国语助词结合难学吗？

   ① 非常难   ② 难   ③ 一般

   ④ 不太难   ⑤ 不难

5. 조사 결합이 어렵다고 생각하시는 이유가 무엇입니까? (   )

   你认为助词结合难学的原因是？

   ① 조사 결합은 중국어에 없는 규칙이기 때문에 어렵다.

      因为汉语中没有助词结合的形式。

   ② 수업 시간에 별도로 배우지 않기 때문에 어렵다.

      因为上课时不单独学习助词结合。

   ③ 교재에 조사 결합에 대한 설명이 부족하기 때문에 어렵다.

      教材中关于助词结合的说明很少。

6. 한국어의 조사 결합에 대해 선생님으로부터 배운 적이 있습니까? (   )

   老师是否针对韩国语助词结合进行过分类讲授呢？

   ① 네   ② 아니요

7. 한국어 조사 결합에 대해 어떻게 공부하고 계십니까? (   )

   平时怎样学习韩国语助词的结合？

   ① 교재에 나타나는 본문이나 예문을 통해 공부한다.

      通过教材中出现的课文或例句学习。

   ② 문법 항목으로 나오는 조사 결합을 강의를 통해 이해한다.

      通过语法点的讲解理解并学习。

   ③ 한국 프로그램을 통하여 스스로 공부한다.

      通过韩国电视节目自行学习。

   ④ 따로 공부하지 않는다.

      平时不刻意学习助词结合。

8. 한국어 조사 결합을 사용할 때 오류를 적게 범하기 위하여 어떻게 하십니까? ( )

　　为了避免韩国语助词结合的误用你是怎么做的？

　　① 내가 아는 조사 결합만을 사용한다.

　　　　只使用自己了解的助词结合。

　　② 가능하면 조사 결합을 사용하지 않고 회피한다.

　　　　尽量不使用助词结合。

　　③ 조사 결합을 하지 않고 하나의 조사만 사용한다.

　　　　不使用助词结合的形式，只使用单一助词。

　　④ 방법을 잘 몰라서 특별히 하는 것이 없다.

　　　　不知道该怎么做，所以什么都不做。

9. 현재의 한국어 조사 결합에 대한 학습이 충분하다고 생각하십니까? ( )

　　你认为目前对韩国语助词结合的学习充分吗？

　　① 非常充分　　　　② 充分　　　　③ 一般

　　④ 不充分　　　　⑤ 完全不充分

10. 한국어 학습에서 별도로 조사 결합 교육을 하는 것이 필요하다고 생각합니까? ( )

　　你认为在韩国语学习中有必要针对助词结合进行专门教学吗？

　　① 非常有必要　　　　② 有必要　　　　③ 一般

　　④ 没必要　　　　⑤ 完全没必要

11. 한국어 조사 결합 교육을 위해 무엇이 필요하다고 생각하십니까?

　　为了针对韩国语助词结合进行专门教学，你认为需要怎样做？

12. 현재의 한국어 조사 결합 교육에 만족하십니까? (　　)

你对目前的韩国语助词结合教学满意吗？

① 非常满足　　　　　　② 满足　　　　　　③ 一般

④ 不满足　　　　　　⑤ 完全不满足

※ ③번, ④번, ⑤번을 선택하신 분들만 대답해 주십시오

12-1. 현재 한국어 조사 결합 교육에 만족하지 않는 이유는 무엇입니까? (　　)

针对目前的韩国语助词结合教学感到不满意的原因是？

중국인 KFL 학습자의 한국어 조사 결합 사용 양상 설문조사

이 름: 성 별:

한국어 능력시험 급수: 학 년:

다음 중 맞는 것에 ○, 틀린 것에 ×를, 그리고 _____에 정답을 적어 주십시오

1) 내일 새로운 학생들과의 만남을 생각하니 잠이 안 옵니다. (   ) _____

2) 여기에 다시 오니 이곳에서의 추억이 떠오르네요. (   ) _____

3) 동생은 날마다 도서관를에 가요. (   ) _____

4) 산산 씨에게가 아니라 혜진 씨에게 사과를 해야지. (   ) _____

5) 영광은 그로에게 돌아갔다. (   ) _____

6) 학교와에서 집에서 모두 열심히 공부한다. (   ) _____

7) 나는 뒷동산 밤나무에로 갔다. (   ) _____

8) 철수에게와 영희에게 모두 전화했다. (   ) _____

9) 생명은 부모님으로부터 받은 소중한 것입니다. (   ) _____

10) 외모지상주의로만 흘러가는 실태가 그저 씁쓸하기만 하다. (   ) _____

11) 서울부터에서 광저우까지 얼마나 걸려요? (   ) _____

12) 한국인은 특별한 날만에 선물을 한다. (   ) _____

13) 지금 이 순간도에 지구상 많은 곳에서는 축제가 진행 중이다. (   )_____

14) 아프고 힘들 때에는 부모님이 그립다. (   ) _____

15) 한국어 문법이 중국어 문법은과 달라서 처음에 한국어를 배울 때 어려웠어요. (   ) _____

16) 대표적인 한국 음식<u>으로는</u> 김치, 비빔밥, 불고기 등이 있다. (   ) _____

17) 남들<u>의만큼</u> 노력만 가지고는 일류가 될 수 없다. (   ) _____

18) 이번 일은 사장님<u>만이</u> 해결할 수 있대. (   ) _____

19) 어디<u>가부터</u> 우리 땅입니까? (   ) _____

20) 철수는 내년<u>까지의</u> 여행 계획을 짜 놓았더라고요. (   ) _____

21) 이런 스타일의 옷은 저<u>는보다</u> 영희 씨에게 더 잘 어울릴 것 같아요.
  (   ) _____

22) 너<u>만은</u> 나의 말을 들어 줄줄 알았어. (   ) _____

23) 나는 지금<u>도까지</u> 철수의 아내를 본 적이 없다. (   ) _____

24) 좋은 대학에 들어가려면 지금<u>부터라도</u> 열심히 해야지. (   ) _____

한국어 교사의 조사 결합 교육 양상에 관한 설문조사

교수 경력: 성별:

<예문>

1. 학교에만 있다가 이렇게 밖에 나오니까 좋네요.
2. 산산 씨가 즐겨 보는 책으로는 소설책과 수필집이 있다.
3. 한국어 문법이 중국어 문법과는 달라서 처음에 한국어를 배울 때 어려웠어요.
4. 이번 일은 사장님만이 해결할 수 있대.

* * * * * * * * * * * * * * * * *

    위 예문들처럼 한국어에서는 조사끼리 결합해서 사용되는 경우가 있는데 이러한 조사 결합이 외국인 학습자들에게는 어려운 문법 내용입니다. 선생님들께서는 한국어 조사 결합에 대해서 얼마나 잘 알고 계시는지 어떻게 가르치고 계시는지에 대해 아래와 같이 질문을 하고자 합니다.

---

1. 한국어 교육에서 조사 결합 교육이 중요하다고 생각하십니까? (   )
   ① 매우 많이 필요하다.   ② 많이 필요하다.   ③ 보통이다.
   ④ 조금 필요하다.   ⑤ 전혀 필요하지 않다.

2. 한국어 교육에서 조사 결합 교육이 중요하다고 생각하신다면 그 이유는 무엇입니까? ( )

① 조사 결합은 중국어에는 없는 규칙이기 때문에

② 조사 결합이 한국어에서 자주 나타나고 많이 사용되는 문법범주이기 때문에

③ 한국어 조사 결합을 잘 사용하면 더 정확하고 유창한 의미를 전달 할 수 있기 때문에

④ 학생들이 문맥을 제대로 파악하고 정확하게 사용할 수 있기 위한 기반을 마련할 수 있기 때문에

⑤ 기타 _____

3. 한국어 교육 현장에서 조사 결합을 가르치신 적이 있습니까? ( )

① 네   ② 아니요

4. 한국어 조사 결합을 가르친다면, 주로 어떻게 가르치십니까? ( )

① 조사 결합의 순서와 방법을 별도로 상세히 가르친다.

② 작문 과제 등에서 오류가 나올 경우에 수정해 주면서 제한적으로 가르친다.

③ 읽기나 듣기 등의 지문에서 조사 결합이 나오면 짧게 언급한다.

④ 학생이 질문할 경우에만 가르친다.

⑤ 기타 _____

5. 한국어 조사 결합을 많이 안 가르친다면 그 이유는 무엇입니까? (   )
   ① 교재에서 조사 결합만을 중요하게 다루지 않기 때문에
   ② 내가 조사 결합의 순서와 방법에 대해 정확히 모르기 때문에
   ③ 조사 결합이 중요하나 굳이 별도로 가르칠 필요가 없기 때문에
   ④ 조사 결합에 대해서 상세하게 가르치면 학생들이 부담을 느끼기 때문에
   ⑤ 기타 _____

6. 조사가 어떤 방식으로 결합하는지, 어떤 조사들끼리 결합하는지에 대해서
   어느 정도 알고 있습니까? (   )
   ① 전혀 모른다   ② 조금 모른다   ③ 보통이다
   ④ 조금 안다   ⑤ 아주 잘 안다

7. 한국어 수업에서 한국어 조사 결합 교육이 어떻게 이루어져야 된다고 생
   각하십니까? (   )
   ① 중요하긴 하나, 학습자의 질문 등 필요시에만 다루는 게 좋다.
   ② 학생의 오류가 있을 경우에 수정하며 간단히 가르치는 게 좋다.
   ③ 교재(듣기나 읽기 본문 등)에 등장할 경우에 간단히 설명하는 게 좋다.
   ④ 조사 결합 교육을 위해 별도로 시간을 내어서 상세히 가르치는 게 좋다.
   ⑤ 기타 _____

8. 한국어 조사 결합 교육을 위해서 선생님들에게 제공되었으면 하는 것은 무엇입니까? (   )

　　① 교사를 대상으로 하는 전문 훈련프로그램 및 연수

　　② 조사 결합에 대해 잘 설명된 교재 및 지침서

　　③ 한국어 교사들의 정기적인 워크숍/세미나

　　④ 조사 결합에 관한 좋은 활동지

　　⑤ 기타 _____

| 저자 소개 |

김성월金星月

중국 광동외어외무대학교 남국상학원 교수
한국 호서대학교 인문대학원 국어국문학과에서 석사, 박사 학위를 받았다. 현재 중국 광동외어외무대학교 남국상학원 한국어학과 교수로 재직 중이며, 대표 논문으로「한국어 조사결합 습득 양상 및 교육 방안 연구」(2023),「基于偏误分析的韩国语助词结合教学探索与实践」(2024) 등이 있다.

연구 영역
중·한 언어 대조, 한국어 교육, 중·한 번역 연구

중국인 KFL 학습자를 위한
한국어 조사 결합 교육 연구

초판 인쇄 2024년 12월 11일
초판 발행 2024년 12월 24일

지 은 이 ┃ 김성월
펴 낸 이 ┃ 하운근
펴 낸 곳 ┃ 學古房

주   소 ┃ 경기도 고양시 덕양구 통일로 140 삼송테크노밸리 A동 B224
전   화 ┃ (02)353-9908 편집부(02)356-9903
팩   스 ┃ (02)6959-8234
홈페이지 ┃ http://hakgobang.co.kr
전자우편 ┃ hakgobang@naver.com
등록번호 ┃ 제311-1994-000001호

ISBN 979-11-6995-567-6 93370

값 : 20,000원